LE
SCANDALE DE BARBAZAN

Sous ce titre, pour venger mon honneur et revendiquer mes droits, je viens soumettre au jugement de l'opinion publique, en attendant que la justice se prononce, le récit exact d'une affaire qui a jeté l'émoi dans toute une contrée, au détriment des uns et au profit des autres et qui préoccupe à juste titre certaines personnes étroitement liées à elle par de sérieuses raisons.

Je regrette vivement de me trouver dans l'obligation de mêler à ces tristes débats, le nom d'un homme honorable qui n'est entré dans cette affaire que sur mes sollicitations et pour m'être agréable. — Je l'ai mis, par ce fait, en rapport avec les personnes que je ferai connaître plus loin ; je veux parler de M. Barrau, maire de Foix.

Comment suis-je devenu acquéreur des Thermes de Barbazan ?

Dans les premiers jours de septembre 1882, je fus choisi par un groupe de personnes à l'effet d'étudier sur place l'affaire de Capvern-les-Bains, et de devenir adjudicataire de cette station thermale au nom de ce groupe, aux clauses et conditions stipulées par lui dans un traité qui est en ma possession.

Après étude approfondie de l'entreprise et du cahier des charges dressé par M⁰ Gaye, notaire à Bagnères-de-Bigorre, je fis connaître mon opinion.

La date de l'adjudication, fixée au 31 août, arrive. La vente est prononcée au profit d'autres personnes, et comme les vaincus fraternisent facilement après une défaite et cherchent à réunir leurs forces pour prendre une revanche commune, mon groupe s'aboucha avec l'honorable M. Despaux, conseiller général des Hautes-Pyrénées. — Il fut décidé d'agir en commun et à contributions égales pour faire la surenchère.

Mais le groupe que je représentais ne disposant que de faibles ressources, ne tint pas ses promesses et me mit dans la nécessité humiliante de proposer à M. Despaux de prendre les 3|4 de l'affaire pour lui au lieu de la moitié. — Comprenant ma situation en pareille circonstance, M. Despaux accepta ma proposition sans hésiter et un traité dans ce sens intervint entre nous le 5 octobre 1882.

Déjà le 15 septembre, M. Despaux m'avait remis, à Tarbes, une somme de 46,000 francs à joindre à celle que je tenais de mon groupe, pour aller faire à Bagnères, en son nom et au mien, la surenchère au greffe du tribunal et le dépôt du cautionnement imposé par le cahier des charges, à la recette particulière de cette ville.

Le jour de la vente définitive, fixée au 9 novembre 1882 arrive, et nos premiers concurrents, dépassant le prix convenu entre M. Despaux et moi, sont de nouveau proclamés adjudicataires.

A partir de ce jour, nous n'avions plus à songer à l'affaire de Capvern, et nous devions collectivement ou séparément, puisque chacun devenait libre, porter nos regards ailleurs, pour traiter une affaire d'eaux.

Un de mes amis, M. Eugène Capdebarthe, de Tarbes, me parlait, depuis longtemps, des thermes de Barbazan, avec un tel enthousiasme, que si je ne m'étais trouvé engagé à Capvern, j'eusse donné une suite immédiate à ses propositions.

Cependant, le 4 octobre 1882, je me fis accompagner par M. Capdebarthe, à Barbazan, afin de me rendre compte sur place de la réalité de l'affaire et des avantages qu'elle pouvait présenter, pour que, en cas de non réussite à Capvern, comme cela est arrivé, je fusse fixé et prêt à l'entreprendre.

En quelques heures d'examen, je fus convaincu que la station thermale de Barbazan possédait les bases et les éléments d'ensemble d'une excellente entreprise, et de vagues pourparlers s'engagèrent le même jour entre Mme veuve Bon, propriétaire par indivis de l'établissement et moi. — Je lui promis de revenir plus tard, c'est-à-dire après la date de la vente définitive de Capvern.

Le lendemain de cette vente sur surenchère, le 10 novembre 1882, me trouvant alors complètement dégagé vis-à-vis de M. Despaux et de mon groupe, je revins à Barbazan, et le 11 novembre je devenais acquéreur par acte sous signature privée, dressé par M. Bon, notaire à Loures, de l'établissement, sources et dépendances des héritiers Bon, pour le prix de 100,000 fr., dont 60,000 fr. payables en espèces et par annuités de 10,000 fr. et 40,000 fr. en actions libérées de la société à créer, ci . . . . 100,000 fr.

Le surlendemain, 13 novembre, je devenais également acquéreur des époux Verdier, de Loures, par acte au rapport du même notaire, de leur établissement thermal, sources et dépendances, le tout attenant au premier, pour le prix de 75,000 francs, dont 50,000 francs payables en espèces et par annuités de 10,000 fr., et 25,000 fr. en actions libérées de la société à créer, ci. . . . . 75,000 fr.

Quelques jours plus tard, j'achetais, par acte au rapport de Me Bon, aux héritiers Fadeuille, de Barbazan, un pré attenant à l'établissement des héritiers Bon, pour le prix de . . . . 6,772 fr.

A reporter. . . . . . 181,772 fr.

Report. . .   181,771 fr.

Et enfin, quelques jours plus tard encore, je devenais acquéreur, par acte au rapport du même notaire, des héritiers Descaillaux, d'une grande propriété environnant et dominant celles déjà acquises et indispensable au développement de la station, pour le prix de 38,C00 fr. stipulés payables 20,000 fr. comptant, et 18,000 fr. à terme, ci. . . . . . . 38,000 fr.

Total des acquisitions. . . . . 219,772 fr.

Une fois ces divers traités en main, il fallait songer à constituer la Société avant le 1er mars, date de leur expiration.

Ma première pensée se porta tout d'abord vers M. Despaux. — Je fus à Tarbes, pour lui soumettre mes marchés et quelques jours après il se rendait à Barbazan, pour étudier l'affaire avec moi. Après l'avoir examinée, il me demanda quelques jours de réflexion.

Dans cet intervalle, mon groupe de Capvern me réclamait à grands cris la petite somme qu'il avait mise dans cette affaire, sans tenir compte qu'elle se trouvait consignée à la recette particulière de Bagnères-de-Bigorre, d'où nous n'avons pu la retirer, M. Despaux et moi, que le 5 décembre 1882. — En répondant à ces Messieurs, le 15 novembre 1882, que leur argent était consigné à la recette de Bagnères, je leur fis part de l'affaire que je venais de traiter. Deux d'entr'eux, MM. Ricard, de Paris, et Barrau, de Foix, me promirent d'y entrer et, dès lors, j'avais tout lieu de croire qu'ils mettraient, dans cette nouvelle affaire, au moins les premiers capitaux mis dans celle de Capvern, soit 10,000 fr. chacun.

Il en a été ainsi en ce qui concerne M. Barrau ; mais M. Ricard devait agir différemment.

Il me réclamait quand même un à-compte sur les 10,000 fr. consignés, ne fût-il que de 1,000 fr.

Le 18 novembre 1882, las de ses lettres et dépêches, je lui ai offert 2,000 francs au lieu de 1,000 sur mes ressources personnelles et le 20 il m'écrivait de Paris :..... « Si les » 2,000 francs ne vous sont pas utiles, versez-les au crédit » de mon compte 1,159, bureau P de la Société Géné- » rale. »

Me trouvant à Loures, loin de toute succursale de cette Société, je ne pouvais faire ainsi ce dépôt, et lui adressai cette somme par lettre recommandée au bureau de poste de cette localité, le 25 novembre 1882, sous le Nº 181.

Il ne restait plus que 8,000 francs au crédit du compte Ricard, entre mes mains, sur lesquels je devais payer 2,000 francs à la Banque Ariégeoise, à Foix, qui les lui avait avancés sur ma garantie et celle de M. Barrau, pour compléter sa participation de 10,000 francs dans l'affaire de Capvern.

Restait donc 6,000 francs à rembourser à M. Ricard, après avoir retiré les fonds de la recette de Bagnères, au cas où il aurait renoncé à entrer dans l'affaire de Barbazan, ce qu'il ne fit point.

Mais avant de prendre aucun engagement à l'égard de MM. Ricard et Barrau, je voulus connaître la réponse de M. Despaux. A cet effet, je revins à Tarbes, et là, M. Despaux m'expliqua franchement de vive voix, les raisons pour lesquelles il devait renoncer à cette affaire. — Néanmoins il pensait pouvoir m'aider à la mettre sur pied, en me mettant en rapport avec des personnes qui y entreraient.

En effet, le lendemain M. Despaux me mit en relation avec M. de Stéphens, banquier à Tarbes, qui accepta d'entrer dans l'affaire avec d'autant plus d'empressement que, selon son expression, il la « guêtait » depuis longtemps.

A partir de ce moment-là, j'avais trois adhésions pour former le conseil : MM. Ricard, Barrau et de Stéphens. — Il en manquait encore 2 autres pour porter le nombre des membres à 5 et consolider ainsi les bases de la Société, diminuer les charges de chacun et assurer la souscription du capital à créer. — M. de Stéphens se chargea de trouver un quatrième membre ; ce fut M. Sentex, banquier à Tarbes. — M. Barrau désigna le cinquième ; ce fut M. Courbières, directeur de la Banque Ariégeoise à Foix.

Deux de ces Messieurs, M. Barrau et M. Sentex, ne prirent d'autres engagements que de souscrire chacun à 20 actions, se réservant de ne pas s'occuper de la souscription et de ne faire partie d'aucun syndicat, au cas où elle ne serait pas couverte.

Le troisième, M. Courbières, fit les mêmes réserves ; mais moyennant la remise gratuite de 20 actions de capital libérées ou 10,000 francs qu'il se fit reconnaître par moi sur mon apport, il prenait l'engagement d'ouvrir à la Banque Ariégeoise, un crédit à la Société en formation.

M. Courbières a bien encaissé les 20 actions, mais il n'a jamais ouvert le moindre crédit, si ce n'est 6,000 francs prêtés à M. Ricard, sur ma garantie et dont il sera question plus loin.

Seuls donc, MM. de Stéphens, Ricard et moi, restions chargés de la souscription.

A cet effet, M. Ricard, dans un but facile à comprendre, rédigea en triple original, à Tarbes, le 10 février 1883, le document suivant :

« Entre les soussignés :

» 1o M. de Stéphens (Richard), banquier à Tarbes, d'une part ;
» 2o M. Fourcade (Bernard), ancien inspecteur d'assurances, de-
» meurant à Toulouse, 2o part ;
» 3o Et M. Ricard (Frédéric), propriétaire, demourant à Paris,
» d'une 3e part ;

» Il a été arrêté et convenu ce qui suit :

» Les sus-nommés sont souscripteurs chacun d'un certain nom-
» bre d'actions de la Société anonyme des thermes de Barbazan
» en formation.

» Ils émettent en commun, chacun *quarante-huit* actions, ce
» qui fait en tout *cent quarante-quatre* actions, pour les écouler
» en commun sans concurrence entr'eux, et pour partager ensem-
» ble la plus-value qu'ils espèrent en retirer.

» Chacun des co-intéressés vendra les dites actions à un prix
» supérieur au pair et en référera immédiatement à Monsieur

» Fourcade, l'un d'eux, chargé de tenir la comptabilité de ces
» opérations et de verser les fonds à la Banque Ariégeoise pour
» diminuer d'autant le compte spécial d'ouverture de crédit qu
» nous est fait par cette Banque.

» Quand toutes les actions mises en commun auront été ven-
» dues, il sera procédé à la liquidation définitive du compte et
» les bénéfices comme les pertes, seront supportés par chacun en
» parts égales.

» Fait à Tarbes, en autant d'originaux que de parties, le dix
» février 1883.

» RICARD. »

Ce traité fut soumis à notre signature. M. de Stéphens
et moi refusâmes d'y adhérer.

Par ce traité M. Ricard, se sachant incapable de placer
une seule action, et son intention bien arrêtée étant de ne
jamais débourser un centime pour Barbazan, justifiait sa
collaboration dans une affaire où il désirait seulement se
glisser adroitement pour en récolter les bénéfices, sans se
préoccuper le moins du monde des ennuis et des charges
qu'elle créerait aux autres et notamment à moi.

Notre refus d'y adhérer ne troubla nullement M.
Ricard, au moins en apparence, car le même jour il
rédigeait également en double et sur timbre, un traité par
lequel il m'obligeait à lui rembourser les 6,000 francs qui
restaient disponibles entre mes mains de l'affaire de
Capvern, et s'attribuait, en outre, la moitié des avantages
que l'on me reconnaîtrait à Barbazan, sans prendre l'engagement d'y mettre un centime, ni de m'être utile en
quoi que ce soit. Il avait aussi préparé, pour ne pas brus-
quer les choses, trois traites de 2,000 fr. chacune, payables chez moi à Toulouse, le 20 mai suivant.

Pour arriver à me faire signer ces pièces, il fallait agir
par surprise comme pour l'acte syndicataire, que j'aurais
aussi signé sans M. de Stéphens, et ce n'était plus à Tarbes, après ce premier échec, qu'il fallait me surprendre.
— Ce devait être à Foix, dans ma propre famille, le 13 février, trois jours plus tard, que M. Ricard, saisissant un
moment qui lui parut favorable, me fit signer d'abord le

dit traité, écrit de sa main et puis enfin les trois traites ci-dessus, le tout préparé à l'avance, en me disant qu'il avait des échéances pressantes à Nîmes (Gard) et qu'il lui fallait à tout prix y faire face au moyen de l'envoi de ces traites. — Nous nous arrangerons toujours pour les échéances, me dit-il. — Sans défiance je lui signai les pièces, comptant sur sa loyauté.

Première réunion Constitutive

Le 16 février suivant, 3 jours plus tard, une première réunion constitutive eut lieu à Toulouse, à mon domicile : cette réunion avait pour but :

1° L'approbation ou la modification des statuts, revus et corrigés par M. Millas, membre de la Chambre de commerce de Toulouse, qui avait bien voulu se charger de ce soin et avec lequel j'avais été mis en rapport par M. Despaux.

2° La nomination d'un commissaire à l'effet de faire un rapport à la deuxième assemblée sur les apports et sur l'affaire elle-même.

3° La constatation de la souscription du capital social.

D'après les statuts, le capital social est de 200,000 fr. divisé en 400 actions de 500 fr. dont 75,000 fr. d'apport payables, 10,000 fr. en espèces et 65,000 fr. en 130 actions libérées, sur lesquelles 50 devaient être et ont été prélevées pour être comptées aux époux Verdier, de Loures, en paiement de la somme de 25,000 francs, partie de leur prix de vente, ainsi que l'indique le rapport du commissaire, ci. 130

Restait 270 actions de capital à souscrire ou à faire souscrire, ci. 270

Total. 400

A l'issue de cette réunion, les actions suivantes étaient seules souscrites :

1° M. Barrau, de Foix. 20
2° M. Courbières, de la Banque Ariégeoise, à Foix. 20

A Reporter. 40

Report. . . 40

3° M. Sentex, de Tarbes 20

4° Divers, réunis 26

Total 86

Restait donc à souscrire, pour pouvoir se constituer valablement 184

actions pour arriver au chiffre ci-dessus de . . 270

Ces actions furent alors souscrites séance tenante par :

1° M. de Stéphens, banquier 68

2° M. Fourcade 68

3° M. Ricard, président 48

Nombre égal à celui-ci-dessus . . . 184

Aucun syndicat n'eut donc lieu et chacun de nous trois, restait entièrement libre de vendre ou de garder pour son compte les actions qu'il avait souscrites.

La souscription, ainsi déclarée close, l'assemblée nomma M. Ricard commissaire, à l'effet de vérifier et faire un rapport sur les apports.

M. Ricard rédigea le rapport, dans lequel il mentionna toutes les acquisitions faites par moi et conclut à son approbation.

Il fut aussitôt adressé à tous les actionnaires, conformément à la loi, avant la deuxième réunion.

Deuxième réunion Constitutive

La deuxième assemblée constitutive eut lieu le 24 février 1883. — M. Ricard y donna lecture de son rapport qui fut adopté, sans débat et aussitôt après je fus faire le dépôt de l'acte de Société chez M⁰ Bacon, notaire à Toulouse, accompagné de M° Fabre, notaire à Foix, entre les mains duquel fut déposé le premier quart versé sur les 270 actions de capital ou 33,750 francs. — Les statuts de la Société avaient été déposés, par moi, aux archives dudit Mᵉ Fabre, le 14 février 1883.

Pour effectuer le premier quart sur les 48 actions souscrites par lui, M. Ricard avait contracté, avec ma garantie, un emprunt de 6,000 francs à la Banque Ariégeoise, somme qu'il n'a jamais remboursée et en paiement de laquelle je suis poursuivi comme caution. — Ce prêt de 6,000 francs, fait directement à M. Ricard, fut le seul crédit ouvert par M. Courbières, car en dehors de cette opération étrangère à la Société, il n'a escompté que 8,000 ou 9,000 francs de valeurs que M. de Stéphens m'avait remises en paiement sur ses actions, opération également personnelle à MM. de Stéphens et Courbières. — Aucun autre crédit n'a été ouvert ni à la Société ni à moi personnellement, et il est facile de s'apercevoir que le sacrifice énorme de 10,000 francs que m'a imposé M. Courbières, n'a servi uniquement qu'à faciliter les versements de MM. Ricard et de Stéphens et à me rendre garant des 6,000 francs empruntés par le premier, d'où il résulte pour moi une différence de 16,000 fr. !

On le verra plus loin, ce trait de délicatesse ne devait être qu'un premier pas vers les abus.

L'assemblée nomma son conseil d'administration et son commissaire.

Le conseil fut ainsi composé :

MM. Ricard, président.
Barrau,
De Stéphens,
Courbières, } Membres.
Sentex,

Pour commissaire elle choisit M. Candelon, ex-avoué à Foix, arbitre de commerce à Toulouse. — Ces nominations se firent sans le moindre débat, l'assemblée n'étant uniquement composée que des membres fondateurs représentant les quelques actionnaires absents.

Le conseil ainsi composé se mit immédiatement en séance et choisit M. Sentex, pour son secrétaire.

Dans cette réunion le conseil fixa d'abord mes appointements à 3,000 francs par an, en sus du logement et des frais de déplacement pour les besoins du service.

Il nomma M. de Stéphens administrateur délégué et changea le siège social qu'il transporta au domicile même du commissaire, M. Candelon, 1, rue du May, à Toulouse, malgré mes observations et contrairement à la loi. — Ce qui est pis encore, il nomma le dit commissaire comptable officiel de la Société ! — Par la même délibération, le conseil me donnait pouvoir de passer les actes publics d'acquisitions.

Au cours de cette séance, un des membres du conseil, M. de Stéphens, fit observer que, selon lui, la propriété Descaillaux n'était pas utile à la Société et qu'il fallait, par tous les moyens, arriver à la rupture de ce marché. D'autres membres se rangèrent à son avis.

Sur mes protestations et observations que ce marché était ferme en faveur du vendeur, et que par conséquent, on ne pouvait me le laisser sur les bras ; qu'au surplus cette propriété était indispensable au développement de la station, M. de Stéphens répondit qu'il serait facile de rompre avec M. Descaillaux, qu'il savait être mécontent d'avoir vendu.

M. Barrau se rangea à mon avis et soutint que l'assemblée ayant accepté cette affaire, puisqu'elle figurait dans lo rapport du commissaire, le conseil n'avait point qualité pour revenir là-dessus et ne pouvait, au surplus, me livrer aux caprices de M. Descaillaux. — Alors, à l'unanimité, tous les membres promirent formellement, M. de Stéphens le premier, de me couvrir si ce marché ne pouvait être rompu.

On verra plus loin ce qu'ont valu ces promesses et la valeur de la loyauté de ceux qui les faisaient !

Mais le rapport du commissaire était là qui mentionnait l'affaire. — Il avait été envoyé à tous les actionnaires. — Comment faire ?

Certains membres du conseil, notamment M. Ricard,

auteur du rapport et M. de Stéphens, qui avait soulevé l'incident, eurent alors l'idée coupable de le modifier, de le faire réimprimer et de l'envoyer à nouveau à tous les actionnaires et ce, après la constitution.

Ce qui fut décidé fut fait par les soins de M. Ricard, ainsi que je le prouverai en temps et lieux. — Il le porta le même jour à l'imprimerie Paul Savy, à Toulouse.

Enfant de mes œuvres, peu au courant de la loi de 1867 sur les Sociétés, et ne me doutant pas du but poursuivi par ces Messieurs, je ne voyais rien d'anormal dans toutes ces modifications, que des hommes au courant des affaires opéraient eux-mêmes sous leur responsabilité.

Mais plus tard, lorsque M. Descaillaux me mit en demeure d'avoir à passer l'acte et que quelques-uns des membres du conseil, notamment MM. Ricard, de Stéphens et Courbières, eurent le courage de me répondre qu'ils ne savaient pas de quoi je leur parlais, niant absolument tous les faits et promesses, je compris toute l'étendue du mal et le soin avec lequel ils avaient cherché à faire disparaître le premier rapport, le seul légal, et n'avaient transcrit que le second sur le registre des délibérations de l'assemblée.

Cependant, bien que détruit, plusieurs exemplaires et l'original lui-même du premier rapport se trouvent entre mes mains et je saurai faire usage de ces pièces en temps voulu.

Agissements de certains Administrateurs

Le 24 mars suivant, une deuxième réunion du conseil eut lieu à Barbazan.

MM. Ricard, président, Barrau, Courbières et de Stéphens, assistaient à la séance et, en l'absence de M. Sentex, je fus choisi pour secrétaire.

Plusieurs propositions furent votées, notamment l'amélioration des buvettes Bon et Verdier — la restauration du grand bâtiment, la libération des actions, etc., etc.

En vue des travaux à exécuter, M. de Stéphens avait même fait venir deux ouvriers charpentiers de sa famille, les frères Desbarax, de Sauveterre, qui furent entendus par le conseil et auxquels on a donné l'entreprise des travaux à exécuter, malgré leur incompétence notoire de travaux de cette nature.

Quoique l'on m'eût choisi pour secrétaire, M. Ricard, président, voulut se charger de la rédaction du procès-verbal, qu'il me renvoya tout signé de Paris, le 31 du même mois, avec ordre de le transcrire sur le registre des délibérations sans rien y changer.

En prenant connaissance de l'original de ce procès-verbal, je constatai avec surprise que le sens des délibérations prises en conseil avait été dénaturé et que des questions qui n'avaient point été mises à l'ordre du jour ni soulevées par personne en conseil, y avaient été introduites, notamment celles par lesquelles M. le président du conseil entendait faire supporter à la Société les frais de déplacement des administrateurs et le choix pour chacun d'eux, d'un logement à l'établissement.

Voici, du reste, comment s'exprimait M. le président dans son procès-verbal, dont l'original, écrit de sa main, est sous mes yeux et à la disposition des incrédules :

.   .   .   .

» 1º Le maître d'hôtel ne devra pas donner à jouer, la » Société se réservant absolument les jeux ;

» 2º Le maître d'hôtel devra tenir à la disposition de la » Société, les logements du directeur et du personnel » *ainsi que les logements des membres du conseil avec* » *choix des chambres.* »

C'est clair, n'est-ce pas ?

Les personnes qui connaissent Barbazan, n'auront pas de peine à comprendre que l'hôtel n'aurait point suffi au personnel de la Société et au conseil d'administration et que, dès lors, point n'était besoin de me charger de trouver un fermier. — Aussi était-il de mon devoir, à moi, directeur-fondateur, de protester au nom des actionnaires et au mien contre une pareille tendance.

A ce sujet, j'écrivis le 15 avril 1883, à M. Ricard, président, dans les termes suivants extraits de ma lettre :

.   .   .   .

« Nous devons nous réunir samedi à Toulouse, pour
» d'autres affaires, et j'en profite pour convoquer mon
» conseil. — Si vous le pouvez, venez, mais je vous pré-
» viens que les administrateurs ne toucheront que le
» montant de leurs jetons de présence, sans avoir droit au
» déplacement, sauf M. de Stéphens. — Il en est de même
» des chambres à l'établissement et on comprend cela. —
» Le conseil absorberait à lui seul le bâtiment. »

M. Ricard répond à cette lettre le 21 avril, par le passage suivant, extrait de sa réponse :

.   .   .   .

« Vous auriez pu imiter ce mutisme à propos des frais
» de déplacement et laisser l'initiative de cela au conseil.
» — Avec qui avez-vous causé et qui a émis son avis ? il ne
» m'est pas indifférent de le savoir. »

Le samedi, 21 avril 1883, une réunion du conseil eut
lieu à Toulouse. Il fut seulement question de la location
de l'hôtel et du numérotage des actions. — Seuls MM.
Barrau, de Stéphens et Courbières assistaient à cette
réunion. MM. Ricard, président, et Sentex, étaient absents.

M. de Stéphens, choisi par le conseil comme administrateur délégué dans sa première réunion du 24 février
1883, venait à peine d'être investi de ce mandat, qu'il
chercha à tout diriger en tâchant de suppléer par une
extrême suffisance et une morgue excessive, à son incapacité notoire en matière de travaux et d'aménagement
d'ensemble.

Sa conduite, à mon égard, lui valut mon indifférence et
bientôt je ne le pris plus au sérieux.

Ses idées absurdes, ses projets ridicules, sa phraséologie
vide de sens et de preuves, auraient peut-être triomphé
au détriment de tous, s'ils n'avaient rencontré chez moi
une opposition indépendante et raisonnée, que m'impo-
saient la pratique des affaires et l'équité.

Nos rapports devinrent impossibles à partir du mois de
mai.

MM. de Stéphens et Sentex, qui nourrissaient déjà à
cette date des projets d'absorption de l'affaire à leur profit,

en vue de spéculations financières, avaient pris leurs dispositions pour la négocier à nouveau. — Aussi je reçus dans le courant du mois de mai la visite de MM. Sentex frères, l'un et l'autre banquiers à Tarbes et à Auch.

Ces deux Messieurs me proposèrent de m'acheter toutes mes actions à un prix à débattre. Mais ayant à cœur de faire réussir l'affaire, puisque j'en étais l'unique fondateur, je ne voulus pas leur vendre afin de ne pas favoriser leur plan financier, à leur profit et au détriment des actionnaires qui n'auraient pas été compris dans leur combinaison.

Sur ces entrefaites, MM. Frogé et Estevenet, banquiers à Tarbes, et M. Rozes, industriel, tous trois connaissant à fond et ayant voulu traiter l'affaire bien avant moi, se trouvaient à Barbazan, pour y prendre les eaux. — Ils eurent connaissance de la démarche des frères Sentex, qu'ils y rencontrèrent, et de leur projet avec M. de Stéphens.

MM. Rozes et Frogé entrèrent en relations avec moi, et finalement ils me firent une demande de 20 actions libérées que je leur cédai au pair par l'intermédiaire de M. Verdier, de Loures.

MM. Sentex et de Stéphens, qui étaient loin d'être les amis de MM. Frogé, Estevenet et Rozes, eurent connaissance de ce fait et leur fureur contre moi redoubla.

Aussi cherchèrent-ils à prendre leur revanche à la première réunion du conseil qui eut lieu à Barbazan, le 17 juin suivant.

A cette réunion assistaient MM. Barrau, de Stéphens et Sentex. MM. Ricard et Courbières s'étaient fait excuser. M. Aynié, actionnaire, sous-directeur de la Banque Ariégeoise, fut choisi comme secrétaire.

Toutes les questions que j'avais mises à l'ordre du jour furent combattues par MM. Sentex et de Stéphens, notamment un appel de fonds sur les actions — l'achat d'un cheval, indispensable pour les besoins de l'établissement etc., etc. — M. de Stéphens, avec sa suffisance habituelle et dans un but visible, proposa l'acquisition d'un âne au lieu d'un cheval et donna lecture au conseil de quelques articles du code pénal ou d'un texte de loi tiré d'un formidable volume.

Il prétendait que j'avais encouru des peines correctionnelles en devenant créancier de la Société. — Et aujourd'hui qu'il me trouve débiteur en me laissant arbitrairement pour compte, et de sa propre autorité avec l'aide d'un confrère dont on verra plus loin les nom et qualités, pour environ 6,000 francs de travaux ou dépenses faites, dont ils se proposent de jouir, il me parle des mêmes articles, sans toutefois m'en donner lecture ni en faire usage, bien que je l'ai mis publiquement au défi de le faire.

Son collègue, M. Sentex, proposa dans la même réunion de déposer le bilan de la Société, alors que 187 fr. 50 par action étaient seulement versés.

N'étant point écouté et voyant que sa combinaison financière n'aboutirait de sitôt et ayant à verser encore 6,750 francs sur ses 20 actions, il les vendit et se retira du conseil.

Le 28 juillet suivant, le conseil se réunit à Toulouse, pour la quatrième fois depuis la fondation de la Société. Etaient présents : MM. Ricard, président, Barrau et de Stéphens, membres. — M. Candelon, commissaire, fut choisi comme secrétaire. — Dans cette réunion le conseil s'occupa de diverses questions d'ordre, notamment de la location de l'hôtel — des conditions auxquelles il devait être loué — de la libération des actions et de l'affaire Descaillaux, auquel je comptai, le 2 août suivant, un à-compte de 1,200 francs à valoir sur le prix d'acquisition.

Il fut question aussi, dans cette réunion, d'acheter, pour le compte de la Société de Barbazan, la station thermale de Vernet-les-Bains (Pyrénées-Orientales), dont le prix d'adjudication fixée au 6 août suivant et pour un seul lot seulement sur trois, s'est élevé à 500,000 francs, soit environ *un million de francs* pour les trois lots. Le conseil décida à l'unanimité que je partirais le soir même pour

Prades et le Vernet, à l'effet d'étudier sur place cette affaire et de dresser un rapport.

Le même jour je prenais, en effet, le train rapide de 11 h. 10 du soir en compagnie de M. de Stéphens, qui se rendait à Narbonne et j'arrivais au Vernet le lendemain matin vers les 10 heures.

Avant de quitter Toulouse et en attendant l'heure du départ du train, je passai la soirée avec M. de Stéphens, qui, ayant compris ses premiers torts, était revenu à de meilleures dispositions pour moi.

Il m'offrit même de l'argent pour faire mon voyage au cas où j'en aurais besoin.

Après étude de l'affaire en elle-même et vu son importance, je conclus que la Société de Barbazan n'avait pas les moyens pour la traiter. De plus, n'ayant pas reçu du conseil un mandat régulier, c'est-à-dire une procuration écrite, je ne pouvais prendre sur moi, sur une simple délibération, la responsabilité d'une pareille affaire, et bien m'en a pris, car ce même conseil me laisse aujourd'hui pour compte les frais de ce voyage, s'élevant à 150 francs et nie sa délibération.

A ce sujet, voici dans quels termes j'écrivais, à la date du 4 août, à M. Candelon, commissaire et secrétaire du conseil pour la réunion du 28 juillet :

« Barbazan, le 4 août 1884.

« Monsieur Candelon, avocat,

» 1, rue du May, Toulouse.

» M. Barrau, m'a soumis votre projet de délibération
» pour que je l'examine.

» J'ai corrigé certains passages, notamment l'affaire du
» Vernet, que je ne veux pas voir figurer dans nos déli-
» bérations et moins encore faire supporter injustement
» à la Société les frais que pourrait nécessiter l'étude de
» cette affaire. Les statuts n'ont pas prévu ces cas-là,
» moins encore les actionnaires.

» Le bail de l'hôtel doit partir du 1er janvier, car la
» saison dure ici jusqu'en décembre.

» Veuillez me renvoyer une copie de la délibération du
» 28 juillet et la note que vous m'avez promis de m'en-
» voyer.

» Veuillez agréer, Monsieur, l'assurance de mes senti-
» ments respectueux.

» B. FOURCADE. »

Quelques jours après, M. Candelon me renvoyait une
copie de cette délibération dans laquelle on peut voir
figurer l'affaire du Vernet, mais j'attends encore les notes
promises, qui avaient trait à la comptabilité.

MM. Frogé et Rozes, alors actionnaires, commençaient
par suivre l'affaire de près et à s'intéresser à elle à tel
point qu'à la date du 23 juillet je recevais, de M. Frogé
la lettre suivante dont je garantis l'authenticité :

« Tarbes, le 23 juillet 1883.

» Mon cher Monsieur Fourcade,

» à Loures.

» J'ai vu, hier au soir, mon ami M. Rozes, et nous nous
» sommes entretenus de Barbazan. Nous avons parlé de ce
» grand bâtiment où personne ne peut manger, où per-
» sonne ne peut loger, où aucune distraction ne peut être
» offerte aux étrangers ; cela par la faute d'une adminis-
» tration néfaste, qu'on serait tenté d'accuser de trahir
» les intérêts de la Société qui lui ont été confiés.

» Bref, des meubles pourraient être achetés à bas prix
» en ce moment et pourraient être remis à destination
» avant huit jours.

» Pour arriver à ce résultat, il faut que vous veniez à
» Tarbes, au plus tard mercredi prochain.

» Nous vous engageons à venir et nous profiterons de
» cette occasion pour causer avec vous de l'avenir et du
» présent de la merveilleuse station naissante de Bar-
» bazan.

» Votre bien sincèrement dévoué.

« A. Frogé. »

M. Frogé ne peut nier cette lettre, à l'invitation de
laquelle je me rendis le jour indiqué. — Nous causâmes
d'abord des meubles dont il s'agissait et surtout des
moyens de les payer. — Sur ce point, M. Frogé m'offrit
courtoisement l'ouverture d'un crédit au moyen de l'escompte. — Mais aujourd'hui qu'il est devenu, par ses
manœuvres, tout-à-fait ou à peu près le maître de la
situation et qu'il a réussi à m'éliminer de la direction de
l'entreprise pour la donner à un de ses dociles serviteurs,
M. Renaudin, au mépris de tout esprit de justice et
d'équité, il a approuvé que l'on me laisse pour compte les
312 fr. 70 de frais d'escompte qu'il a perçus de ce chef.

Je reviendrai sur ce trait de délicatesse.

L'achat du mobilier en question fut fait par M. Rozes,
dont la conduite a été toujours des plus correctes et des
plus loyales.

A partir de ce moment-là, MM. Frogé et Rozes ne cessè-
rent de m'écrire et me poussèrent aux dépenses, me pro-
mettant leur concours.

M. Rozes a toujours tenu sa parole, mais celle de M.
Frogé fut de courte durée et ne devait être qu'un vain
mot.

On me reproche aujourd'hui d'être allé trop loin et
pour ce fait M. Frogé me fait mettre arbitrairement à la
porte en foulant à ses pieds mes droits et ses promesses.
— Peu lui importe ; il lui fallait un serviteur soumis, dévoué, capable d'exécuter ses ordres occultes ; il l'a trouvé
en la personne de M. Renaudin.

Nous voilà arrivés en plein mois d'août. — Les travaux
décidés touchaient à leur fin et le mobilier était en place.

— A tout prix il fallait ouvrir l'hôte', pour recevoir M. Frogé et ses amis fin septembre. — Les chambres étaient retenues un mois à l'avance — il fallait bien les meubler convenablement et finir les travaux commencés.

Pour leur être agréable je redouble d'ardeur et de courage — je travaille jour et nuit pour me procurer le nécessaire et enfin je pus annoncer l'ouverture de l'hôtel pour le 24 septembre.

A mesure que les travaux avançaient, les échéances se dressaient devant moi et il fallait prendre des dispositions.

A ce sujet, je convoque d'urgence, le 18 août, le conseil d'administration en vertu de l'article 21 des statuts. — Aucun membre, à l'exception de M. de Stéphens, ne répondit à mon appel.

J'adressai au conseil, le 20 septembre, une seconde convocation qui subit le même sort, et enfin une troisième en termes qui furent compris, cette fois, le 11 novembre suivant. Elle amena les réunions des 18 et 19 du même mois, à Toulouse.

Réunion du 19 Novembre.

A cette réunion assistaient MM. Ricard, président, Barrau, de Stéphens et Courbières.

Six questions furent mises par moi à l'ordre du jour, savoir :

1° Echéances Bon et Verdier ; mesures financières à prendre, en vertu de l'article 7 des statuts ;

2° Affaire Descaillaux ;

3° Libération complète des actions ;

4° Plantation et aménagement du parc ;

5° Construction d'une écurie ;

6° Nominations d'administrateurs.

Sur la première question, et pour gagner du temps, le conseil songea, huit mois après les acquisitions Bon et Verdier, à charger M. Candelon, commissaire-comptable, de s'assurer si les formalités légales avaient été remplies !

Sur la 2ᵉ question, sans nier l'affaire Descaillaux, le conseil chercha un biais pour ajourner une solution.

Sur la 3ᵉ question, libération des actions et, malgré mes pressantes demandes, le conseil décida l'ajournement sans se préoccuper outre mesure des dettes sociales venues à échéance. — Il me demanda, pour se soustraire à cette question, un état de la situation, alors qu'il se trouvait au siège social, au milieu de toutes les pièces et renseignements et que, de plus, ce n'était pas à moi qu'il devait demander cet état, mais bien au comptable officiel qu'il avait choisi et accrédité, M. Candelon, présent à la réunion.

Sur la 4ᵉ question, le conseil ajourna les plantations et aménagements.

Sur la 5ᵉ question, construction d'une écurie indispensable, le conseil se prononça aussi pour l'ajournement.

Et enfin, sur la 6ᵉ question, ayant pour but la nomination de trois membres du conseil, pour porter le nombre à sept, afin d'équilibrer le contrôle des actionnaires et pouvoir se réunir valablement plus souvent, le conseil ne voulut s'occuper que du remplacement de M. Sentex, dont il accepta la démission et désigna M. Aynié, sous-directeur de la Banque Ariégeoise, pour le remplacer, malgré mes protestations, basées sur une question d'ordre et d'équité et non de personne, car M. Aynié m'est sympathique et connu.

Je soumis, au contraire, au conseil les candidatures de MM. Frogé et Rozes et celle de M. Renaudin, que M. Frogé m'avait désigné, et au même instant je déposai sur le bureau du conseil les trois adhésions écrites de ces Messieurs, rédigées à peu près dans le même sens et dont voici l'une d'elles, celle de M. Renaudin :

« Tarbes, le 28 septembre 1883.

» Monsieur Fourcade, directeur de la Société
des thermes de Barbazan.

» Le conseil d'administration de votre Société n'étant
» pas au complet, quelques-uns de mes amis, en leur qua-

» lité d'actionnaires, m'ont engagé à accepter le mandat
» de membre de ce conseil dans le cas où je serais l'objet
» d'une proposition.

» J'ai l'honneur, à cet effet, de vous informer que j'ac-
» cepte le mandat dont il s'agit s'il m'est conféré et que je
» verserai, à première réquisition, dans la caisse de la
» Société, le nombre d'actions nécessaires à la garantie
» statutaire.

» Veuillez agréer, Monsieur, l'assurance de ma parfaite
» considération.

» RENAUDIN. »

Je crois inutile de reproduire les deux autres.

Je tenais à la nomination de ces trois membres, surtout
à celle de MM. Frogé et Rozes, afin de rapprocher autant
que possible les vrais actionnaires de cette affaire, en en
mettant l'administration entre leurs mains et trouver en
eux un appui autre que mon conseil.

Aucune de ces candidatures ne fut acceptée, grâce à
l'opposition passionnée qu'elles rencontrèrent de la part
de M. de Stéphens, leur voisin, qui cependant a été bien
obligé, malgré ses agissements, de les accepter plus tard
et heureux même de pouvoir s'allier à eux pour me renverser.

Le conseil se séparant ainsi sans rien décider, ajournant
la solution des questions les plus urgentes, je ne fus pas
plus avancé avant qu'après la réunion. — Il connaissait
cependant les besoins immédiats et savait mieux que personne qu'on ne s'était constitué à 200,000 francs que pour
faciliter cette constitution ; mais qu'il avait été expressément convenu, lors de la constitution, que le capital social
serait porté à 300,000 francs aussitôt après que la Société
serait debout et au moins avant les échéances des annuités à payer, chiffre absolument nécessaire pour parer à
tout.

Du reste, la chose est d'autant plus évidente, qu'il suffit

de savoir que le montant seul des acquisitions dépasse
de. . . . . 19,772 fr·
le capital social ! — Qu'il faut ajouter à
cette somme, l'apport reconnu de. . . 50,000
Et les frais de constitution de toute
nature et d'actes divers s'élevant ensemble
à environ 20,000

Total, ci. 89,772

Si le conseil n'avait pas décidé, dès le principe, l'augmentation du capital social, étant donné les chiffres ci-dessus, pourquoi votait-il, le 24 mars, l'aménagement des buvettes, du grand hôtel Bon, la démolition de certaines constructions et l'édification de nouvelles? Avec quelles ressources entendait-il payer les thermes du Vernet-les-Bains, dont le prix d'ensemble a dépassé *un million* de francs !

Des chiffres aussi apparents — des calculs aussi simples pouvaient-ils sérieusement troubler l'esprit de banquiers et d'hommes d'affaires ?

Sur quoi et sur qui comptaient-ils pour faire face aux engagements contractés?

Il est facile de se rendre compte, sans trop chercher, qu'il y avait de caché là-dessous autre chose qu'une étourderie aussi remarquable pour être vraie.

Il ne fut pas même répondu, le 19 novembre, à ma proposition d'augmenter le capital social, soit en émettant pour 100,000 francs de plus d'actions conformément à l'art. 7 des statuts, soit en émettant des obligations ou en contractant, sans aucun retard, tout autre mode d'emprunt.

Cependant, je me chargeai personnellement de la moitié de ce capital, eût-il été alors de 200,000 fr., parce que j'avais à cette époque des hommes sous la main pour le souscrire.

Mais mal m'en a pris de faire cette proposition, car le conseil vit là, un cas d'élimination. — Il valait mieux me mettre dans l'embarras — laisser par ce fait sombrer l'affaire que de la sauver en m'écoutant, calculant que leur but serait atteint et que l'innocent serait le coupable aux yeux du public.

Et ce que je dis là est d'autant plus vrai, que jusqu'à cette date les membres du conseil en grande partie n'avaient eu qu'une seule préoccupation. — Celle de vendre par mon intermédiaire les actions qu'ils avaient souscrites, à la condition que je les placerais entre les mains de personnes qui n'auraient jamais rien compris à leurs trucs financiers.

Ils auraient ainsi dirigé l'affaire à leur gré, sans craindre d'être dérangés dans leurs plans.

Mais lorsqu'ils s'aperçurent que les actions se trouvaient dans des mains différentes, que la majorité allait leur échapper, et qu'une assemblée leur serait peu favorable, ils voulurent réagir, toujours sans bourse délier. Mais il était trop tard.

M. Ricard, président du conseil, souscripteur de 48 actions, n'avait pas encore versé personnellement le premier centime à cette époque. En effet, comme je l'ai indiqué plus haut, le premier quart sur ses actions, soit 6,000 fr., lui a été avancé sur ma garantie par la Banque Ariégeoise. Il ne l'a point encore remboursé.

Vers le milieu du mois de Juillet M. Ricard, mis en demeure d'avoir à verser la somme appelée sur les actions, déclara ne pouvoir le faire et me signa en blanc plusieurs feuilles de transfert pour le placement de ses 48 actions, car lui-même n'était pas capable d'en placer une seule.

Mais après la réunion du 19 novembre, deux de ses collègues, MM. de Stéphens et Courbières, lui firent observer qu'il avait eu tort de transférer ses 48 actions. Cette opération entraînait un déplacement considérable dans la majorité des assemblées. Ils l'engagèrent à retirer de mes mains ces feuilles de transfert à tout prix et lui promirent de l'aider au besoin pour le placement ou le paiement des titres.

Le mobile de l'insistance de MM. de Stéphens et Courbières auquel adhéra bien vite M. Ricard, était de s'assurer par tous les moyens une majorité pour obtenir la dissolution de la Société dans une assemblée extraordinaire, en vertu de l'article 42 des statuts. — J'étais fixé sur le projet de ces Messieurs, car M. de Stéphens m'en avait fait connaître les avantages financiers le 17 novembre, en chemin de fer, entre Montréjeau et Toulouse, où nous nous rendions tous deux pour assister à la réunion du conseil, qui devait avoir lieu le lendemain. Ce projet était : Dissolution de la première Société; apport de l'affaire dans une nouvelle Société avec majoration.

Il me tint textuellement ce langage : « Barbazan, c'est » votre avis comme le mien, est une bonne affaire, et si » je vous avais connu plutôt, nous l'aurions faite à nous » deux. — Il y aurait encore un moyen ; ce serait la disso- » lution de la Société actuelle que nous obtiendrions fort » bien avec notre majorité et son apport dans une nou- » velle Société avec majoration. »

Loin de me ranger au plan de M. de Stéphens, je le combattis de mon mieux et lui fis connaître que je ne m'associerais jamais à une pareille combinaison qui serait la ruine de Barbazan.

Dès ce moment j'étais fixé sur les projets de M. de Stéphens, qui n'étaient que la continuation de ceux arrêtés avec MM. Sentex frères, et il fut aussi fixé sur ma résolution, de les combattre lorsqu'ils se produiraient.

Arrivé à Toulouse M. de Stéphens vit ses collègues, MM. Courbières et Ricard, qui me refusèrent, ainsi que je l'ai dit, ce que j'avais mis à l'ordre du jour du conseil.

Voyant cela, je les menaçai de convoquer l'assemblée extraordinairement, en m'y faisant autoriser par le tribunal, conformément à la loi de 1867, s'ils ne la convoquaient eux-mêmes en vertu de l'article 28 des statuts. Je fis connaître, par une lettre-circulaire, ma résolution aux principaux actionnaires, en les invitant à se rendre à une réunion privée qui aurait lieu à Tarbes le 9 décembre suivant, afin de pouvoir discuter ensemble les mesures à prendre.

Pendant ce temps, M. de Stéphens cherchait à s'assurer la majorité parmi les actionnaires, et de son côte M. Ricard m'écrivait le 27 novembre 1883 :

« Paris, le 27 novembre 1883.

» Monsieur Fourcade, à Barbazan.

» Dans votre post-scriptum à la lettre de convocation du
» 11 courant, vous me dites qu'il ne vous a pas été pos-
» sible, malgré vos soins et démarches, de placer une seule
» de mes *quarante-huit* actions dont je vous ai signé les
» transferts.

» Sans y mettre autant de peine, j'ai la persuasion de
» les placer.

» Veuillez donc, par le retour du courrier, me retour-
» ner mes transferts, et ce sera alors une affaire terminée.

» Veuillez agréer, Monsieur, mes civilités empressées.

» RICARD. »

Or, voici mon post-scriptum :

» M. de Stéphens m'a communiqué une lettre que vous
» lui avez écrite le 29 août, qui se trouve en contradiction
» avec les affirmations que vous avez faites à M. Barrau,
» à cette date. — A M. de Stéphens, qui vous réclame vos
» versements, vous lui dites en réponse à sa lettre, que
» vous m'avez transféré toutes vos actions, c'est-à-dire 48.
» — A M. Barrau vous lui dites le contraire. Si c'est 48
» actions que vous avez voulu me transférer ou plutôt avez
» signé des transferts en blanc pour 48 actions pour que je
» vous les place, ce que je n'ai pu faire encore malgré mes
» recherches, vous n'avez plus les 10 actions exigées par
» les statuts pour faire partie du conseil. — Si au con-
» traire vous conservez ces 10 actions, vous en devez le
» montant à la Banque Ariégeoise qui me menace pour
» obtenir le paiement des 6,000 fr., somme que je ne
» peux ni ne dois payer.

» Il faut régulariser cette situation au plus tôt.

» Vous ne m'avez plus donné des nouvelles de l'affaire
» d'Ax. — Il est bien fâcheux que vous vous en soyez em-
» paré à mon détriment et que vous n'ayez pas suivi un
» peu mes conseils. »

On le voit, lorsque M Ricard, pris en sa qualité de président, est invité, le 29 août, par son collègue, d'avoir à
verser les sommes appelées sur ses 48 actions, il répond
qu'il a tout transféré et qu'il n'a rien à verser. — Il ne
parle pas néanmoins de donner sa démission et passe sous
silence l'article 19 des statuts.

Mais plus tard, lorsqu'il s'agit de peser sur une assemblée pour arriver à un but, MM. Ricard et de Stéphens,
encouragés par M. Courbières, s'entendent fort bien ensemble, oublient les lettres sus-mentionnées et entendent
faire voter les 48 actions Ricard non payées. — Peu importe, il faut aboutir, ce dernier les réclame. Il déploie
toute son habileté et met en mouvement de dociles
serviteurs qui veulent bien lui donner son appui. Il fait
agir M. Candelon, commissaire, qui réclame les transferts
Ricard à grands cris et le registre des transferts. Il lui
faut aussi les actions de capital et de jouissance ; ces
documents au porteur lui sont précieux et indispensables.

Voyage de M. Candelon à Barbazan.

Voyant le cas que je fesais de toutes ces menaces, dont
je connaissais le but et la portée, MM. Candelon et de
Stéphens, obéissant sans doute à un mot d'ordre officieux,
se rendirent à Barbazan le 8 décembre dans le but de s'emparer des pièces que je leur refusais parce qu'elles étaient
ma propriété. — Ne m'y trouvant pas, ils prirent leurs dispositions pour enfoncer les portes de mon logement et s'en
emparer. — Il les fallait à tout prix — pour quelques instants c'est vrai — le temps de les signer seulement —
mais il les fallait, sans oublier les transferts Ricard.

On requiert arbitrairement juge de paix, greffier, serrurier. L'opération devait avoir lieu le mardi 11 décembre au matin ; mais j'arrivai à Barbazan, le 10 dans la soirée, venant de Tarbes.

J'avais croisé, à Montréjeau, M. de Stéphens qui, supposant que je rentrerai ce soir-là, avait eu le soin de s'éloigner du lieu où devait s'opérer leur forfaiture et en laisser ainsi à l'obéissant M. Candelon, tous les ennuis et toute la responsabilité dont il n'ignorait point la portée.

M. Candelon, commissaire, m'avait bien écrit, à la date du 5 décembre, la lettre suivante :

« Toulouse, le 5 décembre 1885.

Monsieur Fourcade,
» à Barbazan.

» En réponse à votre lettre du 30 novembre, je vous
» informe que sans pouvoir vous fixer le jour précis, j'irai
» vous voir à Barbazan vers la fin de la semaine prochaine,
» samedi, dimanche ou lundi au plus tard.
» Veuillez agréer mes civilités empressées,

» E. CANDELON. »

On remarquera que M. Candelon ne fait pas connaître dans sa lettre le but de sa visite.

En réponse à cette lettre j'avais télégraphié à M. Candelon, le 7 décembre, que je serais absent de Barbazan le dimanche, mais que je serai de retour le lundi. — Or, M. Candelon ne tenant aucun compte de ma dépêche, m'écrit, le même jour la lettre ci-après que je n'ai reçu, du reste, que le 10 au soir à mon retour de Tarbes.

« 7 décembre 1883.

» Monsieur Fourcade,
» à Barbazan.

» En réponse à votre télégramme je vous informe que je

» partirai dimanche pour Barbazan, où j'arriverai vers
» deux heures après-midi, je crois.

» Veuillez agréer mes civilités empressées.

» E CANDELON. »

De son côté, M. de Stéphens, d'accord sans doute avec
M. Candelon, pour se rejoindre à Montréjeau , arriva en
même temps à Loures, non pas le dimanche, comme l'indique la lettre, mais le samedi soir, 8 décembre.

N'ayant point reçu la lettre ci-dessus de M. Candelon,
et les affaires de la Société me retenant à Tarbes, je ne
pus rentrer que le lundi au soir, 10 décembre, à Loures.
— Du reste, en répondant par dépêche à la lettre du 5
décembre, je fixais à M. Candelon, le lundi 10, comme jour
de rendez-vous, et dès lors je n'avais plus à me préoccuper de ses surprises, combinées d'avance avec MM. de
Stéphens et Ricard.

J'arrive donc le lundi 10 décembre au soir à Loures, où
l'on m'apprit la présence de M. Candelon, hôtel du Commerce, depuis le samedi et celle de M. de Stéphens, qui
était reparti le soir même pour Tarbes, après avoir pris
ses dispositions et laissé ses instructions.

Après mon dîner, hôtel Verdier, je fus par convenance
faire une visite à M. Candelon.

Il me reçut froidement sinon impoliment, mais après
lui avoir fait observer qu'il était autrement blâmable que
moi d'être arrivé deux jours avant la date convenue, il
revint à de meilleures dispositions et nous nous donnâmes
rendez-vous pour le lendemain matin à l'établissement.

Le mardi 11 décembre, comme d'habitude, je me rendis
à Barbazan, vers les sept heures du matin, et deux heures
plus tard M. Candelon vint m'y rejoindre.

Mes dispositions avaient été prises pour le recevoir de
mon mieux et me mettre à sa disposition.

A son arrivée, j'ai compris son embarras — sa mission
n'était plus celle d'un commissaire censeur de Société
anonyme, mais celle d'un homme sortant de son rôle avec

instructions particulières pour servir des passions coupables.

Il me dit tout d'abord avoir reçu mandat de la part du conseil de se rendre à Barbazan, à l'effet de s'emparer de toutes les pièces sociales, registres, actions de capital, actions de jouissance, pièces de dépenses, correspondances, etc., etc., et notamment des transferts Ricard, qui n'avaient rien de commun avec les affaires sociales.

Sans contester ce mandat à M. Candelon, je lui demandai communication de la délibération du conseil, en lui faisant observer que si réellement il y avait eu à cet effet, réunion du conseil, l'article 24 des statuts qui me donnait le droit d'assister à toutes les réunions avec voix consultative, avait été méconnu.

Alors M. Candelon, tirant de sa poche un petit livre rose, qui m'a fait de loin l'effet d'un roman de 1 fr. 25 acheté à la gare de Montréjeau, pour la circonstance, me donna lecture de je ne sais quels articles du code pénal qui, naturellement, me laissèrent insensible puisqu'il s'agissait d'une comédie plus ou moins bien jouée.

Je refusai donc, expressément à M. Candelon, la remise des pièces qu'il convoitait, lui offrant toutefois de lui en donner communication en tant que commissaire.

Mon offre lui parut insuffisante. Il lui fallait les pièces réclamées par ses mandants.

Mon refus fut encore formel, et sur ce, M. Candelon prit congé de moi en me disant qu'il allait faire un rapport en conséquence et il s'éloigna se dirigeant vers le village de Loures.

A peine était-il parvenu à 100 mètres de l'établissement, que je prenais connaissance d'un billet que l'on m'avait remis au cours de mon entretien avec lui et que je n'avais pas lu par pure convenance. — Dans ce billet j'étais informé que M. le juge de paix, son greffier et le serrurier, avaient été requis la veille à la requête de MM. de Stéphens et Candelon, à l'effet d'ouvrir les portes, s'emparer des pièces et les refermer en apposant les scellés.

Immédiatement je courus après M. Candelon, que je ne

tardai point à rejoindre. — Je lui demandai des explications sur les motifs d'une pareille conduite. — Il se renferma dans le mutisme. — Mon indignation était grande et j'avais peine à me contenir.

M. Candelon n'était pas non plus à son aise ; je le traitai de polisson.

Arrivé à Loures, j'allai me renseigner. — Le juge de paix et son greffier se tenaient hôtel Antichan, attendant le retour de M Candelon pour instrumenter. Mais ce dernier n'en ayant plus envie, les renvoya et leur paya leur déplacement. — Le serrurier Gachies, requis pour 9 heures du matin, était parti de très bonne heure pour ne pas se prêter à une besogne qu'il savait odieuse. De retour vers midi, il m'apprit que M. Candelon lui avait commandé 4 cadenas dont il n'était pas payé.

M. Candelon devait prendre à Loures, pour rentrer à Toulouse, le train de 1 heure 5, que je me proposai de prendre aussi. — Je me fis remettre les 4 cadenas par le serrurier Gachies et me fis accompagner par lui et deux de mes amis qui vinrent jusqu'à Montréjeau. A la gare de Loures, rejoignant M. Candelon, je l'invitai à payer les 4 cadenas qu'il avait commandés. — Il s'exécuta et, pour éviter des explications, les mit dans sa poche et les emporta.

Mon indignation était à son comble.

Arrivé à Montréjeau, je ne pus résister au désir d'adresser à M. de Stéphens qui, quelques jours avant, m'invitait à un banquet de famille auquel je n'assistais pas, la dépêche suivante :

» De Stéphens, banquier, Tarbes.

» Votre conduite d'hier constitue une véritable lâcheté.
» — Je suis à vos ordres. »
» Fourcade. »

L'heure du départ arrive — je monte dans le compartiment où se trouvait M. Candelon. — Je l'interpelle — je veux connaître le mobile de sa triste mission, mais le voyant peu à son aise je le laissai tranquille.

Dès son retour à Toulouse, M. Candelon dut informer ses mandants de ce qui venait de se passer, et ce n'est qu'après avoir reçu d'eux une réponse, qu'il convoqua par sa lettre circulaire du 27 décembre, les actionnaires en assemblée générale extraordinaire pour le dimanche 13 janvier 1883, salle du tribunal de commerce, à Toulouse.

L'ordre du jour, fort vague, visait l'article 42 des statuts ayant trait à la dissolution de la Société.

Dans la réunion privée des principaux actionnaires qui avait eu lieu sur mon initiative, à Tarbes, le dimanche 9 décembre, 26 actions, sur les 48 de M Ricard, furent transférées à divers et le montant, 13,000 francs, fut versé à la banque Frogé, Estevenet et Cⁱᵉ, en paiement d'un découvert d'environ pareille somme.

· Quand je dis 13,000 francs, je me trompe : M. Renaudin, souscripteur, à 2 de ces actions, n'a pas fait son versement. — C'est donc une somme de 12,000 francs que M. Frogé a encaissée et qu'il a gardée pour se couvrir.

Sur ces 26 actions transférées, M. Ricard avait versé, par le fait, bien qu'il doive encore cette somme, 125 fr. par action, soit 3,250 fr. lors de la constitution de la Société ; mais comme les deux actions Renaudin n'étaient pas payées, mes calculs ne devaient porter, pour en passer écriture, que sur 24 actions, soit.   .   .   ⠀12,000 fr.

Sur lesquelles 125 francs par action avaient été versés et par conséquent étaient entrés dans la caisse sociale, ci.⠀⠀⠀3,000

Restait donc à faire figurer en compte au débit de ma caisse la différence ou   .⠀⠀9,000 fr.

et appliquer les 3,000 francs déjà versés au paiement des 6,000 francs dus par M. Ricard à la Banque Ariégeoise dont j'étais et suis encore garant.

C'est donc ainsi que je passai les écritures en spécifiant les choses, et ce conformément aux instructions même de M. le président du conseil, qui m'écrivait à la date du 15 juillet :

» Ax, le 15 juillet 1883, hôtel Sicre.

» Monsieur Fourcade, directeur des thermes
» de Barbazan,

» Les pouvoirs de transfert, remis et signés par moi,
» jeudi, à Foix, ne peuvent vous servir que pour vendre
» des actions nominatives non libérées ou des actions no-
» minatives libérées.

» On vous demande une action libérée, vous délivrez
» une action libérée comme on vous la demande, soit au
» porteur, soit nominative. — Vous *créditez* sur vos *livres*
» *l'action* ainsi libérée du montant de la libération. — Elle
» devient ainsi une action au porteur que vous aurez le
» droit de vendre, mais vous la sortez comme remise au
» souscripteur.

» Si on vous la demande nominative, il y a un cédant et
» un cessionnaire qui tous deux doivent signer la feuille et
» le droit est dû. Dans le cas au porteur le droit n'est pas dû.

» Veuillez agréer mes civilités empressées.

» RICARD. »

On verra plus loin quel cas il a été fait de ces instructions précises, par l'auteur lui-même et par MM Renaudin et de Stéphens.

Le 2 janvier 1884, M. Ricard, président, tenu au courant de tout par MM. Candelon et de Stéphens, voyant
que la tentative de ces Messieurs de s'emparer des pièces
avait échoué et sachant que j'avais transféré 26 de ses
actions, me fit sommation par exploit de M. Talamas,
huissier à Montréjeau, d'avoir à déposer sans aucun retard
les dites pièces, actions de capital, de jouissance et ses
transferts, entre les mains de M. Candelon.

Quant aux 13,000 francs, prix des 26 actions, M. Ricard
me sommait également d'avoir à les déposer au crédit de
son compte personnel à la Banque, sans se préoccuper que
0,750 francs sur cette somme devaient entrer dans la caisse
sociale et non dans la sienne et que 3,250 francs seulement, montant du premier quart versé sur ces actions,
étaient sa propriété.

Naturellement je ne fis aucun cas d'une semblable sommation et le 11 janvier je me contentai de répondre à M. Ricard, pris en sa qualité de président du conseil, par acte extra judiciaire au rapport de M. Bacon, huissier à Toulouse, qu'aucune de ces menaces ni de ces ruses ne pouvaient être prises au sérieux. — Qu'en ce qui concernait notamment le produit de la vente de 26 actions, il ne pouvait prétendre que sur le montant des versements effectués par lui sur ses actions et non sur la différence de la libération dont le produit devait entrer dans la caisse sociale. — Que même pour les 125 francs, montant du premier quart, versés, je ne pouvais me désister de cette somme, puisqu'elle devait servir à payer les 6,000 francs empruntés par lui à la Banque Ariégeoise.

Dans le même acte je protestais contre les agissements du conseil et sa gestion toute entière.

Ni M. Ricard, président, ni aucun de ses collègues n'ont protesté contre mes accusations qui, si elles étaient erronées, seraient diffamatoires.

Première Assemblée Extraordinaire.

Nous voici arrivés au 13 janvier, jour de la réunion. — M. Ricard préside — seuls MM. de Stéphens et Courbières assistent à cette assemblée.

On émarge, et 282 actions sont représentées. — 300 étaient nécessaires en vertu de l'article 42 des statuts visé par le conseil. — M. Ricard déclara la réunion nulle, un nombre suffisant d'actions n'étant pas représentées.

Certains d'être battus d'avance dans leurs projets, MM. Ricard, de Stéphens et Courbières, dans le but de faire échouer la réunion, n'avaient déposé qu'un faible nombre d'actions. — Ainsi, M. de Stéphens, qui en possédait 68, n'en avait déposé que 10, et M. Courbières aussi 10 sur 20

Les actionnaires venus de fort loin eurent beau protester, le tour était joué et il fallait se résigner.

On s'ajourna au 3 février suivant, conformément à une

seconde lettre de convocation du commissaire, du 18 janvier 1884.

En vertu du même article 42 des statuts, la moitié seulement du capital social était nécessaire pour une deuxième réunion au lieu des trois quarts exigés pour la première.

Nos adversaires étaient donc bien certains d'être battus à cette deuxième réunion. Mais 20 jours devaient les séparer, et pendant ce temps-là on pourrait manœuvrer. On connaissait alors les porteurs d'actions, le nombre de chacun et on espérait arriver par un moyen ou un autre à déplacer des voix.

En effet, les manœuvres commencèrent à la sortie de la réunion, mais l'impression était trop récente pour qu'elles eussent un résultat. On alla au devant des actionnaires, on les prit à part, on les accompagna à la gare, en un mot on chercha à atténuer le mauvais effet de cette conduite.

Presque tous les actionnaires étant de Tarbes ou de ses environs, la plus lourde besogne incombait à M. de Stéphens. Aussi, lui qui avait dédaigneusement refusé le 19 novembre, en réunion du conseil, la collaboration de MM. Frogé, Rozes et Renaudin, qui la veille avait fait échouer la réunion par sa faute, le voilà courant après ces Messieurs, provoquant à Tarbes des réunions privées, allant frapper le lendemain aux portes qu'il méprisait la veille, afin d'arriver par le mensonge et la mauvaise foi à dissiper en partie le mauvais effet qu'avait produit jusquelà sa conduite.

Le jour de la deuxième assemblée approchait, mais ses deux collègues et lui n'avaient point grand espoir de réussir.

MM. Ricard et Candelon, qui avaient d'autres soucis que ceux de l'avenir de Barbazan, dont la haute direction allait leur échapper, m'assignèrent en référé pour le samedi 2 février, veille de la réunion, par devant le président du tribunal de Toulouse, à l'effet d'obtenir, par ce dernier effort, la remise des pièces dont ils n'avaient pu s'emparer jusque-là, malgré leurs multiples tentatives.

Parmi les pièces dont ils convoitaient surtout la possession, se trouvaient 250 actions de capital, au porteur, portant les numéros 251 à 400 et 600 actions de jouissance divisées en 200 actions entières, numéros 1 à 200 et 400 actions divisées en coupures de *un cinquième*, ou 2,000 coupures.

Tous ces titres sont au porteur, numérotés, et il suffisait que deux membres du conseil les signent pour les rendre valables.

Sur les 250 actions de capital il m'en revient encore aujourd'hui 38, et sur les 600 actions de jouissance 250, conformément aux statuts et aux conventions établies.

Après avoir entendu la lecture de la demande de MM. Candelon et Ricard, et celle de mes conclusions tendant à une demande reconventionnelle, Monsieur le président rejeta les prétentions des demandeurs, et par un jugement motivé ordonna au contraire le dépôt de ces pièces entre les mains de mon propre conseil, Mᵉ Marty, avoué, pour qu'il ne s'en dessaisisse qu'après inventaire et avec mon consentement.

La rage de MM. Candelon et Ricard était à son comble. — Celle de MM. de Stéphens et Courbières n'était pas moins grande. — Ne pas pouvoir posséder quelques heures seulement ces malheureuses actions pour les signer et se les partager, c'était au-dessus de leurs imaginations.

Que de ruses ; que de lettres menaçantes ; que de kilomètres et de dépenses n'avait-on pas fait ? Que d'humiliations n'avait-on pas subies pour venir échouer à un tel résultat.

Ils ne pouvaient y croire !

Que leur restait-il à faire avant de paraître devant l'assemblée le lendemain ? Se réunir, délibérer, étudier une surprise quelconque, telles étaient les ressources qui leur restaient.

Aussi s'armant d'audace, ils courent au devant des actionnaires qui devaient arriver quelques instants après.

M. de Stéphens, lui, ne quittait plus MM. Rozes et Re-

naudin. MM. Ricard, Candelon et Courbières manœu-
vraient d'un autre côté.

M. Candelon était alors syndic de la faillite du café de la
Comédie, à Toulouse. C'est là qu'on attira, dans une pièce,
tous les actionnaires. C'est là qu'eurent lieu plusieurs
réunions à mon insu. On m'attaqua, cela va sans dire, et
pour mieux disposer les actionnaires à voter selon leur
gré, MM. Ricard, de Stéphens, Candelon et Courbières
voulurent bien faire les frais d'un déjeuner confortable le
lendemain matin. A cet effet on fit visiter les caves de
l'établissement, faites pour bien tenter et se prêtant à la
circonstance.

On devait se mettre à table à 11 heures pour n'en sor-
tir qu'à une heure de l'après-midi, heure de la réunion,
fixée par la lettre de convocation du 18 janvier.

Il est inutile de s'étendre sur le but d'une pareille combinaison. Elle a échoué grâce au bon sens de quelques
actionnaires qui, voyant dans cet excès de courtoisie une
entente coupable, ont décliné l'aimable invitation en en-
gageant les autres à ne pas l'accepter. Cependant, en
hommes accommodants mais pratiques, on promit de se
réunir pour le dîner du soir, après la réunion.

Cet ajournement discret, basé sur un raisonnement
plein de bon sens, ne faisait point l'affaire de MM. Ricard,
de Stéphens, Courbières et Candelon. Ils redoublèrent
d'audace et d'intrigues pour suppléer à cette défaite.

L'heure de la réunion arrive et chacun vient de son
côté. Les intrigants, les malins et les imbéciles sem-
blaient tout d'abord faire cause commune. Les indiffé-
rents et les honnêtes gens se rendirent séparément.

La séance est ouverte.

M. Ricard, président, déclare cette fois l'assemblée
régulièrement constituée.

L'ordre du jour du commissaire portait :

« Rapport du commissaire et du conseil d'administra-
» tion sur la Société;

» Vote sur les mesures à prendre pour assurer son bon

» fonctionnement et sur toutes propositions qui seront
» faites à ce sujet ;
  » Remplacement d'un administrateur démissionnaire. »

Les rapports du commissaire et du conseil (ce dernier
n'a pas été lu) étaient uniquement dirigés contre moi. Le
Président et le Commissaire cherchèrent en vain à justifier leur conduite en donnant le change à la vérité.

M. de Stéphens réclamait à grands cris ma révocation,
mais on ne l'écouta pas.

Les rapports du commissaire et du conseil furent mis
de côté et l'assemblée se contenta de voter la nomination
de trois administrateurs nouveaux, MM. Rozes, Bernis et
Renaudin, et le transfert du siège social à Tarbes. Elle
vota aussi par surprise, sur la proposition assez adroite
du Président et du Commissaire, que les actions libérées
de moitié pouvaient être mises au porteur, alors que
presque toutes étaient libérées entièrement et que seules
les 22 restant au président n'étaient en réalité libérées
que de 125 francs. Mais par ce vote, arraché par surprise,
pour effacer des irrégularités commises, fut-il dit, M. le
président, appuyé par M. Candelon comptable, oubliant
sa lettre du 15 juillet, ci-dessus reproduite et appliquant
d'office à la libération de ses 22 actions restantes les
3,000 francs dont il a été déjà question, déclara malgré
mes observations avoir libéré de plus de moitié ses actions, afin de ne pas perdre de son prestige comme président et de pouvoir retirer ses titres de la caisse. Pour
obtenir ce vote malgré mes protestations, il ne manqua pas
de dire qu'il était indispensable de voter cette mesure pour
donner une valeur qu'elles n'avaient pas, aux actions que
j'avais mises en circulation, sur ses propres indications et,
ce qui plus est, après la signature du conseil.

Il voyait dans ce vote, resté incompris pour la plupart
des actionnaires, l'application d'une somme de 3,000 fr.
à la libération de 22 actions, oubliant facilement que ces
22 actions n'avaient leur raison d'être que par le versement du premier quart.

Or, l'argent emprunté pour opérer le versement de ce

pıemier quart, était encore dû et c'est au remboursement de cet emprunt que les 3,000 francs devaient servir et non à l'amortissement de la dette contractée par M. Ricard envers la Société qu'il présidait.

La situation de M. le président était d'autant plus difficile que toutes les irrégularités qu'il pouvait signaler étaient son œuvre ou émanaient de son initiative.

Avant de se séparer, l'assemblée, sur mes propres indications, d'accord pour cela avec d'autres personnes, M. Frogé et ses amis, nomma M. Renaudin administrateur délégué.

A l'issue de la réunion et avant de se séparer, quelques actionnaires, se souvenant de l'invitation gracieuse de la veille, faite par MM. de Stéphens, Ricard et Candelon, trouvèrent à propos de ne pas laisser passer cette occasion de se réunir le soir pour dîner à la Comédie. — Comment faire pour refuser quand on prend au mot pour le soir, ceux qui avaient une préférence pour le matin ? On s'exécute sans mot dire, mais il n'est plus question d'invitation ; chacun paye son dîner et aucune protestation ne se fait entendre. M. Candelon lui-même ne paraît pas. Il se contente de faire en silence l'addition de la note et de nous la faire remettre.

M. le président cherche à se donner une contenance et ne néglige pour cela aucune occasion. — Il prend à partie M. Frogé et cherche à lui persuader que je lui dois encore les 8,000 francs de l'affaire de Capvern et que par suite il a payé ses actions. — N'étant pas écouté probablement aussi attentivement qu'il l'aurait désiré, il s'éclipsa vers les 9 heures.

Le lendemain matin, je revis MM. Frogé, Estévenet, Rozes et Renaudin.

Je remis sans défiance à ce dernier, pour être déposées au nouveau siège social, les pièces comptables, actions de capital et autres déposées chez M. Marty ou en ma possession. — De son côté, M. Candelon remit les archives sociales audit M. Renaudin, en vertu de la décision de la veille.

Le lendemain de l'échec de la première réunion du 13 janvier et le lendemain de celle du 3 février, je fis observer à MM. Frogé, Estévenet, Rozes, Renaudin et autres, que les votes de la veille ne changeaient pas la situation financière de la Société et qu'il fallait de l'argent. Les uns me promirent leur concours, les autres me conseillèrent de faire des règlements à échéance avec les créan- ciers besoigneux, en attendant une meilleure situation. J'acceptai le concours des uns et les conseils des autres· Avec les quelques ressources immédiates que l'on me créa, j'éteignis les dettes les plus criardes et je réglai certains créanciers à l'aide de billets à ordre à 60 et 90 jours de date et le calme se rétablit ainsi.

Il ne devait pas être de longue durée.

M. Renaudin, administrateur délégué.

J'ai dit plus haut que M. Renaudin avait été nommé administrateur délégué.

J'ai dit aussi que M. Candelon avait été nommé à l'origine de la Société, comptable officiel de la Société, et que le siège social avait été transferé dans son propre domicile, 1, rue du Mai, à Toulouse.

J'ai dit également que les deux assemblées successives qui avaient eu lieu les 13 janvier et 3 février n'étaient que des assemblées extraordinaires ne pouvant statuer que sur les questions mises à l'ordre du jour, commandées par une urgence motivée, et non sur l'approbation ou le refus des comptes sociaux. Seule l'assemblée ordinaire avait qualité pour statuer sur ces faits.

La comptabilité générale, tenue par M. Candelon, dont je n'avais jamais pu prendre connaissance, se trouvait, d'après M. Renaudin, dans un désordre complet et il y avait lieu de la rétablir à sa façon, contrairement aux lois commerciales.

M. Renaudin, qui n'était devenu actionnaire et n'était entré dans l'affaire de Barbazan que dans l'espoir de me supplanter un jour à l'aide de ceux qui le faisaient agir,

M. Frogé et son groupe, se trouva pris entre ces deux questions fort embarrassantes et il se dit :

« Si tu fais ton devoir, tu ne peux que donner tort à
» l'ancienne administration, MM. Ricard, de Stéphens,
» Courbières et Candelon ; — par contre donner raison au
» directeur M. Fourcade et faire son jeu sans rien faire
» pour toi.

» Si, au contraire, dans ton rapport à l'assemblée ordi-
» naire du 31 mars, tu fais peser sur M. Fourcade les
» fautes commises par son conseil, tu auras la sympathie
» de ce dernier d'abord, et à l'aide de son appui, l'appro-
» bation des membres nouveaux qui t'ont donné leur confiance. »

Les questions d'équité, de justice et de délicatesse, n'étaient que secondaires à côté de l'intérêt et de l'obéissance qu'il avait promise.

Sans autres droits que ceux qu'il s'arrogea, M. Renaudin se fit assister de M. de Stéphens, qui lui était très favorable, et du bon M. Rozes, peu au courant de la comptabilité, mais pris pour la forme et afin de donner plus de poids encore au formidable rapport qu'il se proposait de rédiger et de lire à l'assemblée du 31 mars 1881.

Je fus convoqué à Tarbes, au nouveau siège social.

L'apurement des comptes commença et MM. Renaudin et de Stéphens, prirent pour cela mon simple livre de caisse et non la comptabilité générale dressée par M. Candelon.

On s'occupa d'abord de la vérification des dépenses et ensuite de celle des recettes.

Arrivés à l'article 11 de mon livre de caisse, nous trouvâmes une erreur matérielle de 33 francs que je m'empressai de reconnaître. Cette erreur provenait d'un état de Mᵉ Cargues, avoué, à Saint-Gaudens, taxé par le président du tribunal de cette ville à 114 fr. 84. tandis que par erreur j'avais inscrit sur mon livre de caisse 147 fr. 87 — Différence à mon débit. .   .   .   33 fr.

____

A reporter. .   .   .   33 fr.

Report. . , . 33 fr.

L'article 23 de mon livre de caisse facture Montaubin, imprimeur à Toulouse, porte une différence à mon préjudice ds 0 fr. 50. — J'avais inscrit sur mon livre 175 fr. 30 au lieu de 175 fr. 80. — Différance à mon crédit. 0 fr. 50

L'article 27 de mon livre de caisse porte double emploi d'une somme de 27 fr. 50, somme déjà comprise à un autre article. — J'avais porté 182 fr. 90 au lieu de 155 fr. 40. — Différence en faveur de la caisse, ci. . . . . 27 fr. 50

Total des erreurs matérielles trouvées depuis le jour de la constitution au 31 décembre 1883, ci. . . 0 fr· 50 — 60 fr. 50

Mais il convient d'ajouter à ces deux sommes les suivantes, comme n'ayant pas été inscrites aux recettes par oubli, à leur vrai date, savoir :

1° Produit de la vente d'eau vendue en bouteille dans le courant du mois de décembre 1883 . . . . . 23 fr. 90

2° Versement d'une somme de 187 fr. 50, payée par M. Duco, limonadier à Tarbes, sur son action dans le courant de septembre.

Cette somme avait été inscrite sur les registres auxiliaires, mais non sur le livre de caisse ci. . . . . 187 fr. 50

3° Pareille somme de 187 fr. 50 versée par M. Bonnemaison, de Tarbes, au crédit de mon compte, à la banque Frogé, Estévenet et Cⁱᵉ, sur une action. — Je ne pouvais faire figurer cette somme au débit de ma

A reporter. . . 0 fr. 50 — 271 fr. 00

Report . . 0 fr. 50—271 fr. 90

caisse avant le 31 décembre, attendu
que le règlement définitif avec M.
Frogé n'a eu lieu que le 15 janvier
1884. Mais je la porte tout de même,
au débit de mon compte, ci. . .   187 fr. 50

Total. . . . . . 0 fr. 50—459 fr. 40

Si je retranche de mon débit les
0 fr 50 portés à mon crédit, ci . .   0 fr. 50

Reste à porter à mon débit au 31

décembre 1883.. . . . . .   458 fr. 90

Je reconnais ces erreurs matérielles d'autant plus fon-
dées, que la plupart, notamment les 23 fr. 90, produit de
la vente de l'eau en décembre et les 375 fr. montant des
versements ci-dessus faits par MM. Duco et Bonnemaison,
chacun sur une action, ont été signalées par moi au cours
de notre vérification

Mais les hommes de bonne foi qui m'ont vu seul à Barbazan, avec une quarantaine d'ouvriers appartenant à diverses corporations occupé, à diriger, recevoir les étrangers, tenir les écritures et se procurer en même temps le
nécessaire au milieu des entraves sans nombre que l'on
me créait; avoir en même temps à chercher le capital que
mon conseil me refusait, comprendront sans peine que
l'on puisse commettre par oubli ou distraction les erreurs
matérielles ci-dessus détaillées, surtout quand on a payé
dans l'espace de 10 mois et par petites sommes, une infinité
de comptes à divers, dont le total s'élève au 31 décembre
1883 à 123,000 francs environ.

MM. Renaudin et de Stéphens, eux, n'admettent pas ces
choses-là qu'ils envisagent comme fort graves !

M. Renaudin surtout, avec l'énergie et les capacités qu'il
se donne, aurait fait mieux que cela. — Il le dit au moins

aujourd'hui qu'il trouve la besogne faite, mais il me permettra d'en douter un peu. — Avec l'aide de 4 ou 5 employés et de gros appointements il aurait peut-être fait ma besogne. — Différemment, je n'en crois rien.

Je me trouvais, au 31 décembre 1883, avoir en caisse, par mon livre, un solde de 6,882 fr. 39 en tenant compte des 8,500 fr. dont je m'étais débité le 31 octobre comme dernier versement du 4º quart sur mes 68 actions de capital. Mais en réalité ce versement n'existait que sur les livres puisque, me trouvant en compte courant avec l'administration, tantôt j'étais débiteur tantôt créancier. Mais j'accepte pour l'instant le débit en espèces et j'ai donc de ce chef, ci. . . . . . . 6,882 fr. 39

Auquel je dois ajouter les 458 fr. 90 ci-dessus expliqués, ci . . . . 458 fr. 90

Total exact de mon débit au 31 décembre 1883 . . . . 7,341 fr. 29

Tandis que par leurs calculs erronés avec intention, MM. Renaudin et de Stéphens, me trouvent débiteur à la même date d'une somme totale de   12,213 fr. 84

A déduire.   .   .   7,341 fr. 39

Différence   .   .   4,872 fr. 55   4,872 fr. 55

Somme égale.   .   .   .   .   .   12,213 fr. 84

qu'ils composent ainsi :

1º Ils me débitent des frais d'un voyage urgent fait à Tarbes, le 20 mai, pour affaires diverses concernant la Société. Ce voyage a eu lieu notamment sur l'invitation de MM. de Stéphens et Sentex, qui m'attendaient à la gare· Ces messieurs m'avaient écrit de me rendre à Tarbes et de leur porter les actions de jouissance qu'ils voulaient, disaient-ils, signer.

Aujourd'hui ils nient l'utilité de ce voyage.

Ci.   .   .   .   .   16 fr. 50

2º Ils me débitent d'une somme de

A Reporter.   .   .   16 fr. 50

Report . . .   16 fr. 50

154 fr. 80 montant d'une note de dépenses faites hôtel Verdier à Loures, soit
par moi, soit par les administrateurs.

Me débiter d'une note de dépenses
forcées, faites dans les premiers jours
de mon arrivée à l'établissement, quand
il n'y avait ni de quoi manger ni de
quoi se loger, c'est déjà audacieux puisque c'est contraire aux décisions du conseil qui m'accordent le logement et les
frais de déplacement ; mais me faire supporter les dépenses faites par les administrateurs eux-mêmes, n'est-ce pas un comble ? ci . . . .   154 fr. 80

MM. Renaudin et de Stéphens, passent
sous silence une somme de 1,200 fr.
payée par moi à M. Descaillaux, le 2 août
1883, à-compte sur le prix d'achat dont il a
été question. Ils se sont emparés du reçu
constatant ce paiement et n'ont jamais
voulu me le rendre, malgré mes réclamations réitérées, ci   1,200

4º Ils n'acceptent pas une dépense de
396 fr. payée à M. Lassus, propriétaire à
Loures, les 3 juin et 27 août 1883, suivant
reçus, pour prix du loyer du logement
que j'ai dû occuper pendant la période
des travaux à l'établissement.

Les personnes qui connaissent les lieux
et qui ont pu se rendre compte du mal que
j'ai dû me donner pendant les mois de mai
et de juin pendant lesquels le service du
bac sur la Garonne était impossible, recon-
naîtront que j'eusse mieux aimé habiter
l'établissement que d'être obligé de faire

A Reporter . .   1,371 fr. 30

Report. . . 1,371 fr. 30

4 fois par jour à pied le chemin de Loures
à Barbazan, par le pont de Luscan.

Je faisais 14 kilomètres et par tous les
temps, pour me loger et prendre ma nour-
riture. — Cette dépense est d'ailleurs pré-
vue par le conseil lui-même, ci. . . 396 fr.

5º Ils rejettent une dépense de 95 fr.,
montant de frais d'hôtel et de voiture faits
par MM. Richard, docteur-médecin à
Saint-Nicolas près Agen, et Fort, journaliste à Tarbes, l'un et l'autre chargés de
rédiger en colloboration une brochure sur
les eaux de Barbazan.

En effet, rien n'a été écrit sur cette station et il était indispensable de pouvoir of-
frir aux nombreuses personnes qui en font
la demande, un opuscule pouvant les renseigner sur la vertu de ces eaux, leur degré
de thermalité et le mode d'emploi, ainsi
que sur le pays et les excursions à faire.

Du reste, c'est d'accord avec M. Frogé,
que ce travail avait été conçu et c'est sous
ses auspices que M. Cazeaux, libraire à
Pau, s'est présenté à moi pour se charger
de ce travail. A cet effet, il m'a envoyé
plus tard M. Fort, rédacteur de son jour-
nal de Cauterets, ci . . . . . . 95 fr.

6º MM. Renaudin et de Stéphens, d'accord pour cela avec MM. Ricard et Candelon, ne trouvent rien de mieux que de
me débiter des 3,000 francs, montant du
quart des 24 actions tranférées par M.
Ricard à divers et d'appliquer cette somme
au crédit du compte du dit M. Ricard, en
diminution de ce qu'il doit à la Société sur

A reporter. . . 1,862 fr. 30

Report. . . 1,862 fr. 30

les 22 actions qui lui restent à transférer et sur lesquelles, comme sur la totalité, il n'a jamais versé le premier centime.

On a vu plus haut la lettre que m'écrivait M. Ricard, le 15 juillet 1883. Il devait à la banque Ariégeoise, 6,000 francs qui ont servi à son premier versement du quart. — J'avais garanti le paiement de cette somme.

Par sa sommation du 2 janvier au rapport de M. Talamas, huissier à Montréjeau, M. Ricard, m'a indiqué l'emploi que je devais faire du produit de la vente de ses actions. — J'ai fait connaître ma réponse le 11 janvier à ce sujet, faite par ministère de Me Bacon, huissier à Toulouse.

Le lecteur se rappelle la lettre de M. de Stéphens à M. Ricard et la réponse de ce dernier, le 29 août 1883; — la lettre à M. Barrau.

J'eus beau rappeler tous ces divers faits à MM. Renaudin et de Stéphens, j'eus beau protester contre ce virement de compte, fait à dessein au profit de M. Ricard, et à mon préjudice, rien ne les arrêta. Désireux d'être agréables à M. Ricard et voulant me rendre impossible, ils ont poursuivi leur but avec la mauvaise foi la plus insigne. — Dans son rapport à l'assemblée, M. Renaudin se contente de faire figurer cette somme en dépenses, sans entrer dans des explications fort gênantes pour lui. — Il la confond avec une somme de 398 fr. 90 que l'on trouve page 28 de son rapport et en fait celle de 3,398 fr. 90, ci . . . . 3,000 fr.

A reporter. . . 4,862 fr. 30

Report. . . .   4,862 fr. 30

7º Enfin MM. Renaudin et de Stéphens ont commis à mon préjudice, une erreur dans les additions de 10 fr. 25, provenant vraisemblablement du montant d'une somme pareille, payée par moi à M. Rozes pour frais supplémentaires dans l'enchère des meubles Echearne, adjugés par M. Claverie, syndic . . . .   10 fr. 25

Somme égale à la différence ci-dessus .   4,872 fr. 55

Ce n'est pas tout. — Nous ne sommes ici qu'au 31 décembre 1883 avec la différence de 4,872 fr. 55. Ils font grossir ce chiffre afin de me supplanter.

Sur les paiements effectués par moi et sommes portées à mon crédit pour dépenses faites pour le compte de la Société, du 1er janvier au 31 mars 1884, jour de l'assemblée, soit 2,780 fr. 20, MM. Renaudin et de Stéphens jugent convenable de rogner les sommes suivantes :

1º Pour droits de transferts d'action payés à l'enregistrement, suivant reçu dont ils se sont emparés (voir page 17 du rapport Renaudin), ci . . . .   121 fr. 37

2º Pour frais d'escompte payés au nom de la Société à la banque Frogé, Estévenet et Cⁱᵉ, suivant bordereau du 15 janvier 1884. — Ces frais d'escompte, dont l'origine remonte au mois d'août 1883, se rattachant plus particulièrement à la négociation d'effets qu'a nécessité le paiement du mobilier à l'achat duquel j'ai été amené par MM. Frogé et Rozes. — M. Frogé, qui tient aujourd'hui l'affaire, par son lieute-

A reporter. . .   4,993 fr. 92

Report..   .   .   4,993 fr. 92

nant Renaudin, a encaissé au profit de sa banque les 312 fr. 70 d'escompte. Il serait plaisant qu'il voulût me laisser aujourd'hui cette somme pour compte, ci.   .   .   .   312 fr. 70

3° Les frais nécessités pour mon voyage au Vernet-les-Bains (Pyrénées-Orientales), le 28 juillet, et suivant délibération du conseil comme il est dit plus haut   .   .   150 fr.

4° Une somme de cent francs payée suivant reçu du 12 février, à M. Fort, journaliste, envoyé de M. Cazeaux, l'ami de M. Frogé, à valoir sur son travail   .   .   100 fr.

5° Une somme de 15 fr. 70 pour frais de correspondance en janvier et février, ci .   15 fr. 70

MM. Renaudin et de Stéphens, arrêtant les comptes au 28 février, passent sous silence les dépenses et paiements que j'ai faits en mars, puisque ce n'est que le 31 dudit mois qu'ils demandent ma révocation à l'assemblée, et qu'ils s'emparent de la direction. — Ces paiements et dépenses s'élèvent à .   .   .   .   .   126 fr. 95

Auxquels il faut ajouter une somme de cent francs payée par moi à M. Bon, conseiller général, maire de Loures, montant d'une souscription faite au nom et pour le compte de la Société pour l'installation du bureau télégraphique de Loures, ci.   .   100 fr.   476 fr. 95

Et enfin mes appointements du même mois qu'ils négligent de comprendre, ci .   .   250 fr.

A reporter.   .   .   .   .   6,049 fr. 27

Report. . . 6,049 fr. 27

Total *du cadeau qui m'a été fa t* par MM. Renaudin et de Stéphens, *en récom-*

pense de mes soins et peines, ci. . . 6,049 fr. 27

Mais ce n'est pas tout ! —Ces Messieurs, M. Renaudin surtout, habitué aux grandes choses de la vie et à l'équité, trouve que sa robuste conscience peut encore lui permettre de grossir ce chiffre de 6,049 fr. 27. en me laissant encore pour compte les sommes suivantes :

1° *Onze cent quarante trois francs cinquante centimes,* réclamés et dus à M. Camps Victor, maçon à Labroquère, pour prix du mur servant de clôture à la propriété et de digue aux eaux de la Garonne et que M. Renaudin, torturé par le désir de aire quelque chose d'original dans ses nouvelles fonctions, parle de faire démolir à mes frais. — Mais connaissant ce que vaut la parole de ce Monsieur, il est probable que le mur restera ce que je l'ai fait et que M. Renaudin réussira plus tôt à se démolir lui-même qu'à démolir le mur en question. En attendant, il se paie la fantaisie de me le laisser pour compte et porte à mon débit. . . . . 1,143 fr. 50

2° *Trois cents francs* réclamés et dus à M. Richard, docteur-médecin, pour frais et honoraires pour ses travaux sur Barbazan, qu'il a faits en collaboration de M. Fort, employé de M. Caeaux, ci . . . . . 300 fr.

1.443 fr. 50

Total général. . . . . 7,492 fr. 77

Grâce à ces rognures jésuitiques et malhonnêtes, ce bon M. Renaudin établit triomphalement un déficit de caisse. — Bien peu de comptables, je parle de ceux qui sont intelligents et intègres eussent obtenu sont résultat.

J'ai dit que les dépenses faites du 1er janvier au 31 mars 1884, ou sommes figurant à mon crédit s'élevaient à. . . . . 2,780 fr. 20

Les recettes ont été les suivantes :

1º Versement d'une somme de 313 fr. fait par M. Mounet, limonadier à Tarbes sur son action . . . . . 313 fr.

2º Reçu de M. de Stéphens, en présence de MM. Renaudin et Rozes, une somme de quarante francs, représentant selon lui, sa part de frais dans le voyage du Vernet-les-Bains, ci. . . . . . 40 fr.

3 Une somme de 62 fr. 50, pour vente d'eau et abonnements à la buvette, du 1er au 21 mars, date à laquelle M. Renaudin s'est emparé de la caisse sociale sans même m'en donner avis, ci. . . 62 fr. 50

415 fr. 50

Si donc je retranche cette somme montant des recettes, des dépenses effectuées, j'ai la différence ci-après, à retrancher de mon solde débiteur au 31 décembre 1883.

Différence à mon crédit au 31 mars 1884 . 2,364 fr. 70

Mon solde débiteur au 31 décembre 1883, en considérant mes 68 actions comme entièrement libérées est de. . . . . 7 341 fr. 29

Mon solde créditeur au 31 mars 1884, et sur cet exercice, est de . . . . . 2,364 fr. 70

Différence exacte du solde dû par moi sur mes actions de capital audit, 31 mars 1884 4,976 fr 59

A reporter. . . 4,976 fr. 50

Report . .	4,976 fr. 59

Mais en ajoutant à ce solde que je reconnais devoir sur les 34,000 fr. d'actions de capital que j'ai souscrites, le montant des sommes ci-dessus détaillées, laissées à ma charge, soit. . . . . — 7,492 fr. 77

MM. Renaudin et de Stéphens me trouvent débiteur au 31 mars 1884, d'une somme totale de . . . . — 12,469 fr, 36

Mais en réalité, ces braves gens, on le voit, ne me réclament dans leur rapport, en me menaçant de toutes les foudres, que la *peti'e bagatelle* de . . . . . — 10,923 fr. 31

D'où il résulterait un petit bénéfice pour moi, comme différence de. , . . . — 1,546 fr. 05

Mais point du tout. — Cette différence nous l'obtenons par les sommes suivantes :

1º Par les 1,143 fr. 50 dus à M. Camps, maçon . . . . — 1,143 fr. 50

2º Par les 300 fr. dus à M. Richard, docteur . . . . — 300 fr.

3º Par les 40 fr. qui m'ont été remis par M. de Stéphens . . . . . . — 40 fr.

4º Par les 62 fr. 55 pour vente d'eau et abonnements du 1ᵉʳ janvier au 21 mars . — 62 fr. 54

Somme égale. . . . . . — 1,546 fr. 05

J'allais oublier que, pour ces Messieurs, très au courant parait-il, du langage de la police correctionnelle, ce n'est point un solde débiteur mais un *déficit d' caisse.* — Malgré ce gros mot, aussi sonore que fielleux, j'ai la prétention d'avoir montré dans toute cette affaire comme dans toutes celles que j'ai traitées jusqu'ici, beaucoup plus d'honnêteté et de loyauté que certaines personnes dont je parle, et je mets MM. Renaudin et de Stéphens au défi de contester de bonne foi, mes chiffres et mes affirmations.

Quelques jours après son entrée en fonctions comme administrateur délégué, c'est-à-dire dans les premiers jours de février, M. Renaudin vint avec M. de Stéphens à Barbazan, pour répartir entre divers petits créanciers la somme de 8,500 fr. versée par M. de Stéphens la veille, comme dernier quart sur ses 68 actions.

Contrairement aux statuts, ils firent rédiger les reçus et les quittances en leur nom.

Plus tard, dans les premiers jours de mars, ces Messieurs revinrent, accompagnés de M. Rozes, pour examiner sur place divers projets, notamment la plantation d'une avenue, l'aménagement des buvettes et des écuries, etc.

Une première discussion, motivée par les prétentions ridicules de M. Renaudin, s'engagea à Loures entre lui et moi. Confondu en quelques mots il voulut prendre sa revanche. Il vint à l'établissement et trouva tout mal agencé. Rien n'était à son goût, pas même l'eau ; tous les prix avaient été exagérés, l'ouvrage était mal fait et les glaces mal entretenues ne renvoyaient pas son image aussi belle qu'il l'aurait voulue. Les Pavillons Noirs avaient eu le tort de se laisser battre et Christophe Colomb celui de ne pas me laisser sur les côtes de la Plata !

Apercevant, au fond de la prairie Verdier, le mur à double fin qui sert de digue et de clôture, et que j'avais fait construire en m'inspirant de la cruelle expérience acquise à la suite des inondations de la Garonne, M. Renaudin bondit. Selon lui, ce mur est une folie que j'ai faite ; je dois en supporter non-seulement les frais de construction mais encore ceux de démolition ! Et comme il disait tout cela sans rire, M. Renaudin me mit dans la nécessité de lui répéter qu'il ne savait plus ce qu'il disait. Je le défiai de mettre à exécution son plan de démolition, qui constituait à mon adresse une provocation de bien mauvais goût.

MM. Rozes, de Stéphens, Verdier, Bon, notaire à Loures, Camps, le maçon qui avait construit le mur, Descaillaux et autres étaient présents.

M. de Stéphens, heureux de mon dissentiment avec M. Renaudin, fut interpellé par M. Descaillaux, qui lui parla de la vente de son immeuble à la Société. M. de Stéphens nia que la Société eut connaissance de cette affaire et qu'elle fut obligée de l'accepter. J'affirmai comme toujours que cette affaire était connue du conseil avant la constitution de la Société et que le rapport du commissaire avait été détruit. A quoi M. de Stéphens répondit en présence de tous : « Alors nous sommes des coquins, des faussaires ? »

— « Certainement, lui dis-je. »

— « Vous l'entendez, Messieurs, je vous prends à témoins, s'écria M. de Stéphens ! »

— « Oui, prenez des témoins, ajoutai-je, je vous mets au défi d'en faire usage. »

Voilà bientôt trois mois de cela et personne ne m'a inquiété.

Il est vrai que dès son retour à Tarbes, M. de Stéphens, par une lettre circulaire, consulta tous ses collègues du conseil.

Je ne connais pas leurs réponses à cette circulaire, mais je puis affirmer qu'aucune assignation n'est venue encore m'inquiéter à ce sujet.

Assemblée générale du 31 Mars

Nous voici arrivés à la veille de l'assemblée générale fixée au 31 mars. — L'apurement ou plutôt le revirement des comptes était fini.

M. Renaudin, me réclama d'un air sérieux, le montant du solde débiteur qu'il venait de créer lui-même arbitrairement malgré mes protestations, porté comme il est dit plus haut, à la somme de . . . . 10,923 fr. 31

Il me laissait le soin de payer à divers, les 1,546 fr. 05 ci-dessus détaillés, ci . . . 1,543 fr. 05

Total. . . . . 12,469 fr. 36

Je lui fis observer que je ne devais que mon solde sur mes 38 actions, soit ci . . 4,976 fr. 59

Et que quand à la différence de . . . 7,492 fr. 77
je ne la devais pas et je ne la paierais pas.

Qu'en ce qui concernait mon solde de 4,976 fr. 59, il

avait entre ses mains 38 actions libérées m'appartenant, représentant un capital de 19,000 fr., plus 250 actions de jouissance pour le couvrir. J'ajoutai qu'au surplus, vu sa conduite à mon égard et ses tendances à vouloir me supplanter, je voulais attendre la décision de l'assemblée générale. M. Renaudin, en présence de MM. Rozes et de Stéphens, simula une forte indignation et me menace de plaintes au parquet et autres intimidation de ce genre. Il se laissa tomber à deux reprises dans un fauteuil, comme s'il était sous le coup d'une crise qu'il ne pouvait maitriser.

Fort de mon droit et voulant faire cesser cette comédie, je me retirai en conseillant à M. Renaudin de ne plus employer des menaces qu'il savait ne pas m'atteindre.

En effet, mis en demeure, M. Renaudin n'a pas eu le courage de me poursuivre.

A partir de ce jour-là, et dans l'intérêt de ma dignité, j'ai cru inutile d'avoir d'autres rapports avec M. Renaudin.

Cependant ayant besoin de quelques renseignements comme directeur, je suis revenu au siège social quelques jours plus tard. J'y ai trouvé MM. Renaudin et de Stéphens, qui m'ont absolument refusé et la remise des pièces qui m'appartenaient et la communication des pièces comptables.

Je me suis retiré sans insister.

Le jour de l'assemblée générale arrive.

Tous les membres du conseil étaient présents, sauf M. Barrau.

Comme actionnaires en dehors du conseil, il n'y avait que MM. Estévenet, Frogé et un actionnaire de Tarbes.

Tous les autres étaient représentés par eux.

Après émargement on procéda à la composition du bureau.

M. Ricard préside. MM. Frogé et de Stéphens sont nommés assesseurs.

M. Candelon, commissaire, assiste à l'assemblée.

Aucun rapport n'est distribué avant.

La parole est donnée à M. Renaudin.

Il se lève et donne connaissance à l'assemblée d'un rapport dont la lecture dure une heure et demie. — Il se répète, il s'écoute.

Dans ce rapport, pas un mot du conseil, pas un mot du commissaire, pas un mot de la comptabilité générale et du comptable, M. Candelon, du siège social, du capital social, rien de tout ce qui pouvait atteindre un seul membre du conseil et faire la lumière.

Toutes les irrégularités commises par le conseil me sont imputées. — Les comptes sont mal tenus. M. Renaudin feint de laisser croire que c'est moi qui les ai tenus. — Les travaux sont mal faits, peu solides, les prix trop élevés, le mobilier payé horriblement cher, les robinets ne fonctionnent pas, il n'existe ni grange ni écurie, pas de pavillon autour de la buvette, les mouches ont terni les glaces, les chemins sont mauvais, la Garonne est un obstacle, les « promontoires ? » sont une défectuosité et tout cela par ma faute ! Mon incapacité est évidente !

Et mon *déficit* de caisse, donc ?

Ici vingt pages d'écriture, grand format !

Dans son rapport, mon *déficit* de caisse est de 10,923 fr. 31.

Il le forme lui-même de la manière que j'ai indiqué, en me débitant arbitrairement des sommes que j'ai payées.

« Le cas est grave, Messieurs, s'écrie-t-il d'une voix
» ferme et inspirée, il mérite plus qu'une révocation, il faut
» un châtiment !!! »

On frémit. Cela se comprend ! Moi-même je faillis me trouver mal. Mon exécution ne faisait plus de doute !

» Je termine en demandant à l'assemblée l'approbation
» des comptes tels que je les ai établis et la révocation de
» M. Fourcade, avec autorisation de poursuites. »

Dans toute Société anonyme, et même pour tous les négociants, la comptabilité régulière, celle qui peut faire foi en justice est celle qui a été commencée à l'origine de l'entreprise et dont les registres ont été paraphés. Mais M. Renaudin a une bibliothèque à lui, des codes à lui, il est arbitre au tribunal de Tarbes, et n'admet pas que la comptabilité tenue par son collègue M. Candelon, arbitre au tribunal de Toulouse, soit prise au sérieux.

Il fait pour Barbazan une comptabilité à lui d'un genre nouveau. Il débite tel compte et en crédite tel autre et ce, parce qu'il lui plait. Ainsi il vous le dit lui-même dans son rapport, il applique aux frais généraux, des comptes de travaux ou de premier établissement afin de démontrer à à l'assemblée que la Société avait eu des pertes, mais que lui gérant l'année prochaine, elle aura de gros bénéfices.

Après M. Renaudin, c'est M. Caudelon qui donne lecture de son rapport de commissaire. Son embarras est grand ; puisqu'il est le comptable légal de la Société, comment attaquer les comptes ?

Mais faisant cause commune avec M. Renaudin pour me renverser, il ménage et complimente même son confrère.

M. Ricard, président fait fait l'éloge de ses collègues, anciens et nouveaux, notamment celui de M. Renaudin. pour son travail « colossal » dit-il.

Il est voté sur l'approbation des comptes, tels qu'ils ont été établis par M. Renaudin. — L'assemblée composée comme on sait les approuve.

M. de Stéphens demande ensuite ma révocation. — MM. Renaudin, Ricard et Courbières, appuient énergiquement cette proposition. — M. Frogé ne veut que ma démission. — Je lui réponds que je ne demandais pas mieux que de me retirer de ce milieu, mais après avoir réglé les comptes. — M. de Stéphens reprend que lui et M. Renaudin ont établi les comptes, que je n'ai qu'à payer le solde de 10,023 fr. 31 c. et à partir. — MM. Ricard, Courbières et Renaudin, approuvent gravement. — M. Frogé insiste pour que je donne ma démission.

Je réplique que je ne pouvais ni accepter les comptes, tels qu'ils avaient été établis avec intention, ni admettre la décision de parti-pris qu'on proposait. Je vais saisir la justice de ce scandale. — Au surplus leur dis-je, ai-je commis un acte d'indélicatesse qui soit de nature à motiver ces mesures ? — Oui, répond M. de Stéphens, vous avez expédié deux caisses d'eau au docteur Richard, de Saidt-Nicolas et vous ne vous en êtes pas débité sur vos livres. — J'ai répondu que c'était vrai, mais que le docteur Richard, qui avait payé le port aller et retour des caisses et bouteilles, avait bien droit à quelques litres d'eau. — M. de Stéphens proteste contre mes prétentions.

M. Frogé répond que devant cette menace de ma part, il demandait aussi ma révocation. — Naturellement tous les membres présents approuvent, à l'exception de M. Rozes, et on décide que cette révocation me sera signifiée par huissier. Je l'attends encore.

Il était onze heures du matin, la réunion ayant commencé à 8 heures, on se sépare en s'ajournant à une heure de l'après-midi, pour l'assemblée extraordinaire.

M. Ricard, était satisfait du résultat, il escomptait déjà les 6,000 francs dus par lui à la banque Ariégeoise et prenait la résolution bien ferme de ne jamais les payer et de me les laisser pour compte. Il remerciait chaleureusement ses deux collègues MM. de Stéphens et Renaudin, d'avoir pensé à lui en appliquant à son compte les 3,000 francs, dont il a été question plus haut. Il se trouvait par cette combinaison avoir payé 0,000 francs avec mon argent sur les 22 actions qui lui restaient, et comme il avait fait voter avec M. Caudelon, par l'assemblée du 3 février, que les actions libérées de moitié, pouvaient être mises au porteur et délivrées aux titulaires, M. Ricard voyait déjà dans sa poche ses 22 actions qu'il aurait bien cédées à 50 0[0 à un de ses collègues. Il aurait ensuite donné sa démission pour des raisons de santé, et le tour aurait été joué.

Je ne sais si MM. Renaudin et de Stéphens ont délivré ces actions à M. Ricard. J'en doute; car, ayant conscience de leur conduite arbitraire à mon égard, ils n'auront pas voulu, de ce chef encore, s'exposer à des revendications de ma part.

L'heure de la deuxième réunion arriva. Je me présentai, à l'heure indiquée, mais M. Ricard me pria de me retirer. le Conseil ayant à se réunir avant l'Assemblée.

Je me retirai et ne revins que vers les 2 heures et demie. On était en séance. M. Renaudin me soumit la feuille de présence à signer. — Je m'y refusai, en disant à l'Assemblée qu'en présence des décisions arbitraires qu'elle avait prises aveuglément le matin, sur la proposition de gens passionnés et intéressés ; qu'après le rapport de M. Renaudin, où la mauvaise foi avait trouvé une si large place, je ne me trouvais pas à mon aise dans ce lieu et que je considérai comme un devoir de me retirer.

Avant de quitter la salle, je dis à l'Assemblée de demander aux membres de l'ancien Conseil, à MM. Ricard et Courbières présents, qu'elle était la somme qu'ils avaient mise dans cette affaire? Je priai M. Renaudin de vouloir bien me remettre les pièces qui m'appartenaient, notamment les reçus afférents aux dépenses rejetées et le reçu de dépôt de mes actions de capital et de jouissance.

M. Renaudin promit de me remettre ces pièces le lendemain, en venant à Barbazan.

Voyage du Conseil à Barbazan

En effet, dès le matin, MM. de Stéphens, Ricard, Renaudin, Frogé, Estevenet et M. Rozes, avaient décidé de se rendre tous à l'Établissement, le lendemain matin, pour y fêter leur prise de possession.

En me retirant, je prononçai ces paroles, en m'adressant à M. Renaudin : — « Puisque vous devez venir à » Barbazan demain, nous ferons l'inventaire du linge et » vous m'en donnerez décharge. Je compte sur les reçus » et pièces qui m'appartiennent et que vous me détenez. »

Le lendemain matin, en effet, tous ces messieurs arrivent en gare de Loures par le train de 10 heures. — On avait télégraphié à M. Bon, notaire, de se trouver à la gare pour aller déjeuner à l'établissement; M. Verdier devait être aussi de la partie.

Comme d'habitude, je m'étais rendu le matin à l'établissement, et rentrai à Loures, à l'heure habituelle, pour y déjeuner. — Vers les deux heures, j'y revins. Je fus reçu par M. de Stéphens, qui m'accabla d'injures, basées sur ce que les chambres de l'Établissement étaient ouvertes et que mon bureau était fermé. — Je lui fis observer que tous les jours on procédait ainsi : on ouvrait l'Etablissement pour donner de l'air et qu'il n'y avait pas là de quoi insulter quelqu'un ; mais il est difficile parfois de faire entendre raison à certaines personnes, surtout après déjeuner.

Puis, profitant d'un moment qui leur parut favorable MM. Renaudin et de Stephens fermèrent les portes et s'emparèrent des clés de l'établissement qu'ils remirent à mon commis, M. Lagarde, en lui faisant défense expresse de me laisser pénétrer à l'avenir. Ils s'éloignèrent ensuite vers Barbazan.

Je 'm'étais absenté moi-même et, quand je revins, je trouvai toutes les portes fermées, et mon commis me fit part de ce qui s'était passé.

Sans hésiter, je rentrai à Loures, et le lendemain, 2 avril, je fis dresser, par M. le Maire de Barbazan, le procès-verbal que voici :

« Nous soussigné, maire de la commune de Barbazan,
» canton de Saint-Bertrand, arrondissement de Saint-
» Gaudens, Haute-Garonne, déclarons que ce jourd'hui,
» 2 avril 1884, à la réquisition de M. Fourcade, directeur
» de l'établissement de bains situé dans cette commune,
» nous nous sommes transporté dans ledit établissement, à
» l'effet de constater que les clés dudit établissement
» avaient été remises, hier mardi, par MM. les administra-
» teurs dudit établissement et en l'absence du requérant à
» M. Albert Lagarde, employé de M. Fourcade, et de la
» Société et que lesdits administrateurs auraient en outre
» donné ordre audit Lagarde, de s'opposer à ce M. Four-
» cade, puisse pénétrer à partir de ce jour dans ledit
» établissement ; ou étant nous avons demandé audit
» M. Lagarde si réellemsnt il avait reçu de MM. les admi-
» nistrateurs les clés de l'établissement et s'il avait égale-
» ment reçu l'ordre exprès de ne laisser pénétrer M. Four-
» cade dans l'établissement sous aucun prétexte. Il nous a
» répondu affirmativement sur les deux questions et nous
» a déclaré qu'à partir de ce jour il était seul responsable
» de tout ce qui pourrait arriver dans le susdit établisse-

» ment, ainsi que de tous les objets mobiliers et autres qui
» pourraient s'y trouver.

» Nous avons trouvé également dans ledit établissement,
» le nommé Jean Saint-Paul, domestique et jardinier dudit
» établissement, lequel nous a déclaré avoir entre ses mains
» la clé de la buvette Verdier; néanmoins, ledit M. Lagarde,
» s'est déclaré responsable de tous les objets qui peuvent
» être renfermés dans ladite buvette et les constructions
» adjaçantes.

» Ledit M. Fourcade, n'ayant pas donné sa démission et
» n'ayant pas été légalement révoqué a énergiquement
» protesté contre une semblable mesure que rien ne semble
» justifier et nous a requis de constater les faits ci-dessus
» relatés.

» De tout ce qui précède, nous avons dressé le présent
» procès-verbal en présence de M. Descaillaux (Jules), pro-
» priétaire, demeurant dans ladite commune et voisin dudit
» établissement, lequel, après avoir entendu comme nous
» les déclarations faites par lesdits sieurs Lagarde et Saint-
» Paul, l'a signé avec nous.

» Fait à Barbazan, le 2 avril 1884.

» Le Maire,

» Descaillaux, signé.　　　　　　　　T. Dulac. »

Une fois cette constatation faite, je quittai Barbazan le
lendemain, mercredi 3 avril, pour rentrer à Toulouse.

Le vendredi suivant, 5 avril, j'écrivis à M. Renaudin la
lettre suivante, que je fis recommander à la poste :

Ma première lettre à M. Renaudin

« Toulouse, le 5 avril 1884.

» Monsieur l'administrateur délégué,

» Deux réunions ordinaires et extraordinaires de l'as-
» semblée générale des actionnaires des thermes de Barba-
» zan ont eu lieu sur votre convocation et celle de M. de

» Stéphens, votre collègue, le 31 mars écoulé et, sur votre
» remarquable rapport qui, n'en doutez pas, laissera une
» page dans l'histoire, lu par vous à la première assem-
» blée, celle-ci a décidé ma révocation sans la motiver. Et
» comme conséquence de cette mesure plus arbitraire que
» passionnée, j'ai cru de mon devoir de ne pas assister à la
» deuxième réunion extraordinaire.

» Pour que cette révocation puisse être prise par moi au
» sérieux, en tenant compte, bien entendu, des règles et
» formes de la loi, il faut que ceux qui l'ont provoquée et
» obtenue, serait-ce par surprise, me la fassent signifier
» régulièrement au siège même de la direction que j'occupe
» légalement et moralement par des droits acquis et re-
» connus.

» Aucune de ces formalités n'ayant point été encore
» remplies, je suis et je reste directeur des thermes de
» Barbazan jusqu'à nouvel ordre.

» Mais tenant compte de l'ensemble de votre conduite,
» de votre suffisance imaginaire dégénérée en faiblesse
» dictée par la passion la plus visible, l'imposture la plus
» profonde, vous avez servi votre avidité et vous avez cru
» devoir saisir là, sans le moindre scrupule à mon égard,
» une occasion favorable de faire connaître votre haute
» science doctrinaire à des gens qui, hélas! ne vous ont
» peut-être point compris ; vous vous êtes lancé ainsi sans
» raison aucune, dans l'arbitraire, sans vous préoccuper le
» moins du monde de votre conscience, puisque vous
» n'avez point mesuré l'étendue du mal que vous me fai-
» siez !

» Et vous qui avez si souvent affirmé être si familier
» avec les lois en vigueur, avec les choses les plus élé-
» mentaires de la logique et du droit commun ; avec les
» codes et décrets, n'avez point hésité à en méconnaître la
» portée à l'égard des autres et à endosser ainsi une de ces
» responsabilités équivoques, dont le dénouement seul
» devant la justice vous en fera connaître toutes les erreurs
» et toute l'étendue.

» Ou vous avez agi avec toute votre indépendance, et

» alors vous ne pouvez avoir servi que vos rancunes et vos
» intérêts, ou vous avez servi toute autre cause, ou enfin
» vos connaissances générales sont plus bornées que vous
» ne le supposiez. Vous accuser ici de servir votre orgueil
» sans y avoir avantage, je ne puis le faire. En atten-
» dant, vous me causez un préjudice énorme dont vous
» apprécierez l'importance plus tard.

» La loi de 1867 est formelle ; publiez donc vos rapport-
» discours et compte-rendu, et on verra. Si vous ne le
» faites pas, on pourra vous y contraindre toujours en vertu
» de la même loi que vous n'ignorez pas, nous avez-vous
» souvent dit.

» Vous et M. de Stephens vous êtes emparés de la direc-
» tion de la caisse sociale et de l'établissement, et ce, de la
» façon la plus brutale, la plus arbitraire.

» Le 2 courant, vous vous êtes emparés des clés de l'éta-
» blissement et vous en avez confié la garde à l'employé
» placé sous mon autorité directe et sous ma responsabi-
» lité, en lui donnant l'ordre de ne pas m'y laisser pénétrer
» à l'avenir.

« Vous vous êtes emparé également par la ruse, sans
» m'en donner décharge, contrairement aux bonnes règles
» et à la bonne foi. de diverses pièces sociales, actions de
» capital, actions de jouissance, reçus divers ou quittan-
» ces qui justifient les dépenses que vous avez cru devoir
» rejeter de votre propre autorité, sans vous arrêter aux
» considérations majeures qui avaient motivé ces dépenses
» et, enfin empiété ainsi sur mes propres droits, de la façon
» la plus audacieuse, la moins convenable. »

» Et pour donner quelque caractère de vraissemblance
» à vos assertions simulées, calculées, vous m'avez avec
» une délicatesse qui fait votre éloge, parlé de plaintes au
» parquet de passer en Espagne de malhonnèteté
» de déficit de caisse de ligne droite devant soi, etc.,
» etc., et autres expressions de ce genre d'autant plus
» expressives quelles visaient l'oppression et dites par
» vous avec intention. A ce sujet, j'ai pris note de votre
» courage et ai enregistré avec soin tous vos mouvements

» combinés ! — Et comme j'ai pas mal voyagé à travers
» l'Europe, il m'a été souvent donné d'assister à des
» représentations mieux jouées encore et que j'ai ce-
» pendant comprises malgré le voile mystérieux qui les
» recouvrait. — Et souvent, pendant que je consignais
» gravement des notes sur mon memorendum, les badauds
» applaudissaient le comique à tout rompre, alors que
» d'autres plus badauds encore se communiquaient leurs
» impressions, persuadés que la chose était facilement arri-
» vée du vivant même de l'artiste qui captivait leur atten-
» tion.

» Vu ce qui précède, j'ai aussi pris les sages mesures
» que comportait une pareille situation et j'attends avec
» confiance un juste résultat, basé sur l'équité et sur la
» révocation promise. — Jusques-là, je suis directeur en
» droit, mais pas directeur responsable, puisque vous vous
» êtes emparé du pouvoir et de mon domicile. »

» J'attends aussi par la même occasion la notification
» de mon compte de fin de gestion avec vos redressements
» développés et contenant ce fameux passage « *déficit de*
» *caisse*. »

» J'attends aussi la remise intégrale des pièces de
» dépense que vous rejetez, car par le seul fait de ce rejet
» elles redeviennent ma propriété exclusive.

» J'attends enfin la remise des 38 actions (trente-huit)
» de capital m'appartenant, déposées entre vos mains le
» 4 février dernier, représentant un capital de 10,000 fr.,
» moins la somme de 5,076 fr. 39 que je reste devoir à la
» société, au 31 mars écoule,

» Reste donc à mon crédit, entre vos mains, la somme
» de. . . . . 13,923 fr. 41
» De laquelle il faut déduire encore une
» somme de. 3,000 00

» due à M. Rozes. Reste à mon crédit. . 10,923 fr. 41

» Vous aurez aussi à me rendre compte des six cents
» actions de jouissance déposées entre vos mains et qui
» sont aussi en partie ma propriété exclusive conformé-

» ment aux statuts, car il ne faut pas vous mettre dans
» l'idée qu'il suffise de se débarrasser arbitrairement de
» quelqu'un de gênant pour détruire les droits de ce der-
» nier et bénéficier ainsi de ses travaux et de ses sacrifices. »

» Je vous laisse seul responsable de toutes les pièces et
» valeurs ci-dessus et fais remonter cette responsabilité à
» la date du dépôt qui vous en a été fait et confié, ce qui du
» reste est constaté par un acte authentique.

» Faute par vous de me donner une satisfaction équita-
» ble dans le délai de huit jours et sous toute réserve de
» ma part en ce qui concerne le préjudice que vous me
» causez, les mêmes réclamations, réserves et constatations
» légitimes vous seront faites par voies légales et par un
» rapport publié et imprimé à vos frais.

» Jusque-là je conserve en droit la direction des thermes
» de Barbazan, sous la réserve légale des constatations que
» j'ai fait faire par l'autorité et sans responsabilité de man-
» dat, puisque vous vous l'êtes indûment et délicatement
approprié.

» Je recommande à la poste la présente pour les besoins
» de la cause.

» Agréez, monsieur, l'expression de mes sentiments
» distingués avec lesquels j'admire votre courage.

» B. FOURCADE,

» 4. *Allées Lafayelle, Toulouse.* »

» A Monsieur Renaudin, agent d'affaires, adminis-
» trateur délégué des thermes de Barbazan, 1,
» rue de l'Harmonie, 1.

» A Tarbes. »

Cette lettre recommandée a été remise au bureau de
poste de Toulouse, le 5 avril, à 11 heures du matin, et enregistrée sous le numéro 693.

Mais le même jour et peut-être à la même heure, M. Renaudin m'écrivait, de son côté, la lettre ci-après recom-

mandée, enregistrée au bureau de poste de Tarbes, le 5 avril,
sous le numéro 423.

« Tarbes, le 5 avril 1884.

» Monsieur Bernard Fourcade, 4, allées Lafayette,
» Toulouse.

» Après avoir entendu prononcer votre révocation comme
» directeur de la Société, par l'assemblée générale ordi-
» naire du 31 mars 1884, révocation confirmée par l'assem.
» blée générale extraordinaire du même jour, vous avez
» invité les membres du conseil d'administration à se rendre
» le lendemain à Barbazan, pour leur remettre les clés de
» l'établissement.

» Dans le but de mettre immédiatement à exécution la
» décision des deux assemblées, il a été déféré à votre invi-
» tation par le conseil d'administration, qui s'est rendu à
» Barbazan le 1er avril courant, et auquel vous avez remis,
» à l'établissement même les clés dont il s'agit.

» L'exécution contradictoire, pure et simple de cette me-
» sure, a dispensé le conseil d'administration de vous faire
» notifier votre révocation, que vous avez vous-même mise
» à exécution en sa présence.

» L'assemblée générale des actionnaires, du 31 mars 1884,
» après avoir fait toutes réserves au sujet de votre gestion,
de vos agissements, a décidé que vous seriez d'abord invité
» à verser immédiatement dans la caisse sociale le *déficit*
» qui a été constaté dans votre caisse et dont l'importance
» est de 10,923 fr. 31 c. ; que, à défaut par vous de déférer à
» cette invitation officieuse, vous seriez traduit devant la
» justice.

» En exécution de cette résolution, je viens au nom du
» conseil d'administration, vous inviter et vous mettre en
» demeure d'avoir à réintégrer la somme dont il s'agit dans
» la caisse sociale, et dans le délai de huit jours. — Passé

» ce délai, si vous n'avez pas versé cette somme, vous serez
» poursuivi suivant la décision de l'assemblée générale.

» Veuillez agréer mes civilités.

» *L'Administrateur-délégué,*

» RENAUDIN. »

En prenant connaissance de cette lettre, inspirée par la
mauvaise foi la plus audacieuse, et qui s'était croisée avec
la mienne, mon indignation fut extrême.

M. Renaudin m'a écrit cette lettre après avoir connu par
M. Lagarde, employé à l'établissement, le procès-verbal
que j'avais fait dresser par le maire, M. Dulac, le 2 avril.
Il ne savait quels motifs plausibles invoquer ; aussi, n'osa-
t-il pas me faire notifier ma révocation, et comprenant la
gravité de toute sa conduite, il aima mieux choisir le triste
expédient que je viens de faire connaitre.

Je ne pus contenir ma juste susceptibilité, et je lui écrivis, le jour même, la lettre recommandée que voici, enregistrée au bureau de poste de Toulouse, le 6 avril 1884,
sous le n° 815.

Ma Deuxième Lettre à M. Renaudin

« Toulouse, le 6 avril 1884.

» Monsieur Renaudin, administrateur des thermes
» de Barbazan, au siège social à Tarbes.

» Votre lettre du 5 avril qui s'est croisée avec la mienne
» de même date, est le comble de l'audace et de la mauvaise
» foi.

» Je proteste avec énergie contre vos scandaleux men-
» songes.

» L'affaire de Barbazan, je le vois, va être l'objet d'un

» véritable scandale et sans vous en douter, peut-être, vous
» en serez le principal héros.

» Vous avez cru devoir, pour me supplanter, vous lancer
» dans les bras de l'ancien conseil en lui décernant même
» des éloges et ce, pour donner satisfaction à votre appétit.
» — Vous avez donné le change à tout avec une passion
» que les tribunaux apprécieront. — Vous avez négligé
» sciemment le côté sérieux des choses pour vous rabattre
» sur les niaiseries qui pouvaient me viser afin d'avoir là
» une occasion de faire un discours creux, empreint de
» passion et d'intérêt personnel.

» Je proteste contre vos allégations tendant à faire
» croire que c'est moi qui ai invité l'assemblée à se ren-
» dre à Barbazan. — Vous aviez déjà télégraphié au maître
» d'hôtel, dès le matin, alors qu'en quittant la 2me Assem-
» blée vers les 2 heures 1|2 du soir, je vous ai seulement
» dit :

» Si vous venez à Barbazan, demain, nous compterons le
» linge. » — Il n'a été nullement question de clés ni d'ac-
» quiescement à ma révocation.

» Je proteste contre vos assertions tendant à faire croire
» que j'ai remis les clés de l'établissement. — Ce trait de
» délicatesse de votre part constitue une infamie !

» Vous vous êtes emparé des clés en mon absence, vous
» les avez remises à mon employé avec défense de me lais-
» ser pénétrer dans l'établissement et vous voulez que je
» vous les aie remises !

» Que faites-vous donc de votre loyauté ?...

» J'ai fait constater cette usurpation du droit et du do-
» micile par le maire de la commune. Vous verrez plus tard
» comment est libellée cette constatation.

» Je n'acquiesce pas à la révocation arbitraire dont je
» suis l'objet, car elle m'honore trop venant de votre part.
» Je vous mets donc en demeure de me la faire signifier
» le plus tôt possible, si réellement il y a révocation. »

» Je proteste de toutes mes forces contre vos allégations
» tendant à faire croire à un *déficit* de caisse. C'est encore
» une infamie de plus que vous lancez là.

» Qu'appelez-vous donc *déficit* ?

» Est-ce les dépenses que vous rejetez, les sommes que » j'ai payées et que vous voulez me faire perdre ?

» Est-ce encore un solde dû sur mes *rente huit actions* » de capital ? Il faudra bien s'expliquer, monsieur, devant » la justice.

» Oui ou non, avez-vous entre vos mains 38 actions m'ap-» partenant ?

» Ces actions représentent 19,000 francs, je vous en laisse » responsable. Oui ou non avez-vous entre vos mains 600 » actions de jouissance m'appartenant en grande partie ? » Oui ou non, vous êtes-vous approprié des reçus de dé-» penses rejetées ? Répondez donc à ces questions, et au » surplus je vous attends.

» Je vous salue.

» B. FOURCADE. »

Ma troisième lettre à M. Renaudin.

« Toulouse, le 16 avril 1884.

» MONSIEUR,

» Je vous confirme mes deux lettres recommandées des 5 et » 6 avril courant, dont la première s'est croisée avec la vôtre » de même date, également recommandée.

» Ne voyant rien venir de vos menaces et de vos diffama-» tions que je n'ai, du reste, jamais prises au sérieux, je viens » encore vous demander si oui ou non vous entendez me faire » signifier la révocation dont il est question dans votre lettre, » ou si oui ou non vous entendez réintégrer entre mes mains » les clefs de l'établissement de Barbazan et la direction que » en est ma propriété ?

» Je n'ai jamais donné ma démission et je ne suis nullement » prêt à acquiescer par surprise à une révocation des plus » arbitraires.

» Du reste, vous connaissez mes protestations et mes réser-
» ves à ce sujet.

» Vous avez eu tort d'agir, à mon égard, Monsieur, comme
» vous l'avez fait. Pour conquérir une situation que vous ne
» conserverez pas, au détriment d'un autre, du mien, vous
» êtes venu jeter un désordre irréparable dans une affaire où
» la désunion existait déjà. — Cette désunion touchait à sa fin
» si vous étiez resté ferme à notre programme, tandis que
» vous vous êtes jeté dans les bras des Ricard, des Courbières,
» des Candelon et autres personnes qui n'ont jamais rien fait
» pour Barbazan et qui ne feront jamais rien parce qu'elles
» sont incapables de rien faire si ce n'est du bruit.

» Qui donc est responsable dans une Société anonyme ? —
» Est-ce bien le directeur ou le conseil ? Votre devoir était de
» proposer à l'assemblée un vote tendant à la responsabilité
» du conseil ou de quelques-uns de ses membres, et celui-ci, à
» son tour, s'en serait pris à moi.

» Mais non; par une loi et une suffisance qui vous sont per-
» sonnelles, vous avez écouté votre élan ou des conseils cou-
» pables et vous avez tout interverti.

» Je vous avais proposé, bien avant la réunion, de me reti-
» rer comme directeur et d'entrer dans le conseil. — Cette
» mesure qui aurait donné les meilleurs résultats à tous les
» points de vue, vous a déplu parce que, dans votre pensée,
» moi entrant dans le conseil, vous ne pouviez plus régner en
» maître, — Nous verrons aujourd'hui comment vous régne-
» rez ?

» Vous verrez aussi plus tard ce qu'il y a de vrai dans vos
» affirmations et dans votre manière de faire et, sans être
» aussi passionné et aussi injuste que vous l'êtes, en ne disant
» que la vérité de faits dictée par la loyauté et la conscience,
» vous verrez, dis-je, que sans faire tant de bruit il est fa-
» cile à l'homme modeste, de mettre à sa place celui qui ne
» l'est pas.

» Vous m'avez parlé de plaintes au parquet, de révoca-
» tions, etc...

» Je vous connais si bien aujourd'hui que je ne vous crois
» pas le courage de signer ces pièces !

» Je vous engage, Monsieur, dans l'intérêt de l'affaire, de
» faire moins de tapage et d'agir plus promptement, sans
» quoi vous ferez de Barbazan l'objet d'un scandale que vous
» aurez provoqué et que l'opinion publique vous attribuera
» volontiers.

» Ci-joint je vous adresse un bulletin de l'Enregistrement
» dont je n'ai que faire.

» M. Candelon, au lieu de payer en temps utile, m'a ren-
» voyé l'argent par méchanceté.

» Cette affaire regardant la Société, je ne puis que la sou-
» mettre au siège social et le prier de m'en donner décharge.

» Somme réclamée : 12 fr. 60.

» Agréez, Monsieur, mes salutations.

» B. FOURCADE.

» M. Renaudin, administrateur des thermes de

» Barbazan, à Tarbes. »

Cette lettre a été recommandée au bureau central des pos-
tes de Toulouse, et inscrite sous le n° 848.

Naturellement j'attends encore des nouvelles de M. Renaudin.

Ma quatrième et dernière lettre à M. Renaudin

« Toulouse, le 23 mai 1884.

» MONSIEUR,

» Je viens en ma qualité d'actionnaire des thermes de Bar-
» bazan, et en vertu des dispositions de la loi, vous prier de
» vouloir bien m'adresser un exemplaire du rapport dressé et
» lu par vous à l'assemblée générale des actionnaires le
» 31 mars dernier.

» Ce document, vous le savez mieux que personne, m'inté-
» resse plus particulièrement qu'à qui que ce soit, puisqu'il
» me vise et m'outrage à chaque ligne. — Or, comme j'ai à
» me défendre contre les lâches diffamations qu'il contient et

» à répondre à vos tristes menaces, j'ai tout lieu d'espérer,
» Monsieur, que votre loyauté m'accordera la satisfaction que
» vous avez, du reste, accordée à tous les actionnaires et que
» vous ne voudrez pas continuer à agir envers moi en traître.

» Oui, en traître !

» Vous avez ravi le pain à mes enfants fort jeunes, à ma
» famille, en ayant recours à des moyens peu avouables et,
» non content de cela, pour atténuer les mauvais effets de
» votre ignoble conduite à mon égard, vous tentez de leur
» ravir l'honneur de leur père que vous savez être honnête.

» Quel triste rôle que le vôtre !

» Quelle situation me feriez-vous si la justice et l'opinion
» publique n'étaient pas là pour me venger ?

» A quand votre plainte en détournement de fonds au pro-
» cureur de la République, mon assignation et la notification
» de ma révocation ?

» Quand on a eu le courage d'écrire dans un rapport public
» de pareilles menaces, on devrait avoir au moins celui de les
» mettre à exécution.

» Quel ménagement avez-vous à garder à l'égard d'un
» homme qui a puisé *onze mille francs* dans une caisse so-
» ciale ?

» Pour vous emparer de la position que je m'étais créée avec
» tant de peine, vous n'avez pas craint de tenter ma ruine et
» de souiller l'honneur qu'on ne peut vous demander de ren-
» dre sur un terrain d'honneur !!!

» Ayez donc, Monsieur, la loyauté de me dire ce que vous
» pensez faire de moi, de l'honneur et des valeurs que vous
» me détenez !

» Agréez, Monsieur, l'assurance de mes sentiments distin-
» gués.

« B. FOURCADE.

» M. Renaudin, administrateur des thermes de
» Barbazan, à Barbazan. »

Celle-ci est bien ma dernière à M. Renaudin et je passe
aux conclusions de mon mémoire.

CONCLUSIONS

Le rapport lu à l'assemblée générale des Actionnaires le 31 mars 1884, par M. Renaudin, est l'œuvre de certains membres intéressés de l'ancien conseil, notamment celle de M. de Stéphens.

En effet, M. Renaudin, qui n'est entré dans l'administration que le 3 février dernier, ne pouvait sérieusement donner des détails aussi passionnés, qu'en écoutant des conseils qu'il aurait réprouvés, s'il s'était inspiré du caractère loyal et indépendant de la mission dont on l'avait chargé.

Mais il savait qu'en dirigeant des accusations coupables contre moi, il amènerait les actionnaires à me laisser sous le poids de son imposture.

Arriver à se faire complimenter par les personnes qu'il servait, me renverser par le mensonge et me remplacer par ce moyen, tel était son rêve !

Il l'a réalisé, mais comment ?...

Je laisse au lecteur le soin de s'en rendre compte.

Dans un de ces langages pittoresques, élevé à la hauteur de ses sentiments, M. Renaudin est convaincu d'avoir trouvé pour me qualifier à sa convenance, le reflet de sa pensée dans une jolie petite collection d'expressions dont il me gratifie?

Tel n'est point mon avis.

Je trouve mon rôle mal rendu, et je me refuse à accepter sa besogne. Qu'il me permette seulement de déplorer l'existence dans son rapport de phrases creuses, où la prétention le dispute au ridicule la mauvaise foi au mensonge.

M. Renaudin m'accuse, après tant d'écarts de langage et d'injustes appréciations, d'un *déficit* de caisse de 10,923 fr. 31 cent.

J'ai fait connaître comment il arrive intentionnellement à établir ce chiffre énorme.

Mais lui, dans son rapport, nous l'explique-t-il ? Non, il ne peut pas le faire sans me donner raison et tel n'est pas son but.

Nous parle-t-il des 3,000 francs Ricard, qu'il cherche à escamoter au contrôle d'un comptable et de l'assemblée, page 28 de son rapport, en les confondant adroitement dans la somme de 3,398 fr. 90 cent. ?

Pour faire plaisir à M. Ricard et satisfaire ses appétits, il applique de sa propre autorité, aux applaudissements ironiques de M. de Stéphens et à l'ébahissement du bénéficiaire, cette somme à son compte, et me débite d'autant, ci . . . .   3,000 »

Ce n'est pas plus difficile.

Nous parle-t-il encore des 38 actions de capital de 500 francs chacune, que je lui ai confiées le 4 février 1884, et qu'il n'a jamais voulu me rendre, dont il n'a pas voulu me donner un reçu ?

Je dois sur ces actions, pour qu'elles soient entièrement libérées, un solde de . . .   4,976 59

Total. 7,976 59

La différence entre le solde que M. Renaudin réclame comme *déficit* de caisse, soit. . . . . . . fr. 10,923 31
Et la somme ci-dessus . . 7,976 59

Est de 2,946 72

Nous savons que cette différence est le produit de dépenses injustement rejetées, et que M. Renaudin s'applique à vouloir me faire perdre, comme les 3,000 fr. Ricard ci-dessus, ci 2,946 72

Somme égale. 10,923 31

On me retient 38 actions de 500 francs chacune, qui sont ma propriété, soit . . . . 10,000 »

A reporter. . .   19,000 »

Report. . . 19,000 »

Plus 250 actions de jouissance, qui sont aussi ma propriété exclusive . . . . *Mémoire.*

Je dois à la Société, sous la réserve expresse de mes revendications, en considérant les comptes arrêtés au 31 mars, savoir :

1º Sur mes 38 actions, pour être entièrement libérées, ci 4,976 59

2º Le montant d'un effet de 1,000 francs, signé par moi comme directeur de la Société, à l'ordre de M. Castex, architecte à Luchon, à valoir sur son compte et dont je suis crédité ci . . . . . . 1,000 »

3º Le montant d'un effet de 500 francs, signé par moi comme directeur de la Société à l'ordre de M. Baïsse, cimentier à Luchon, à valoir sur son compte et dont je suis crédité, ci . . 500 »

6,476 59

Différence à mon crédit. . . 12,523 41

Bien que ce compte ne regarde nullement la Société, il est dû à M. Rozes, administrateur, pour sommes avancées ou garanties par lui à la Banque Froge, Estévenet et Cᵉ, ayant servi au paiement de dettes sociales, ci . . . . 3,000 »

Différence à mon profit. 9,523 41

Les deux effets souscrits au profit de MM. Castex et Baïsse, de Luchon, leur ont été remis par moi comme directeur de la Société, en paiement d'honoraires et travaux dûs et à valoir sur leurs comptes respectifs avec la Société.

J'ai débité MM. Castex et Baïsse du montant de ces deux effets, et en ai crédité la société sur mon livre de caisse.

Ma révocation illégale, que je conteste, arrivant entre la

date de la signature de ces deux mandats et celle de leur
échéance, qui en doit le montant aujourd'hui ?

Posons plutôt cette question à MM. Renaudin et de
Stéphens, ils répondront :

C'est Fourcade, parbleu ! c'est un faux qu'il a commis!

Ce raisonnement, ils l'ont déjà tenu publiquement.

A vous autres, messieurs les actionnaires d'apprécier,
car M. Renaudin vous dira encore dans son prochain rapport, qu'« il a une grave communication à vous faire. »

Vous pourrez lui demander, cette fois, l'usage qu'il aurait fait des armes (inoffensives, c'est vrai) qu'il s'est fait
remettre par vous, pour « sévir » contre moi.

Dans ma lettre recommandée à M. Renaudin, en date du
5 avril dernier qu'on a pu lire plus haut, je lui réclame
un solde de. 10,923 41

Tandis qu'il résulte des comptes ci-dessus,
que je ne suis plus créancier aujourd'hui que
de 9,523 41

    Différence . . . . . . 1,400 »

Elle provient, savoir :

1° Du mandat de M. Castex,. . . . 1,000)
2° Du mandat de M. Baïsse,. . . . 500)   1,500 »
3° Des *cent francs*, montant de la souscription remise à M. Bon, maire de Loures et
conseiller général, pour la création du bureau télégraphique, desquels je ne m'étais
pas encore crédité par oubli, ci . . . . 100 »

    Différence égale, ci . . . 1,400 »

Je disais en effet, à M. Renaudin, dans ma lettre du 5 avril
que le solde, dû sur mes 38 actions était de 5,070 50
Au lieu de 4,070 50

    La différence. . . , . . 100 »

représente bien la somme remise à M. Bon.

Voilà, messieurs les actionnaires, la vérité exacte sur

cette affaire qui vous a tant préoccupés et qui doit vous préoccuper encore.

Voilà ma gestion tout entière, plus pénible à remplir quand j'ai pris la direction de cette affaire qu'elle ne l'est aujourd'hui.

Voilà la vérité sur mon *déficit* de caisse et la valeur des accusations de M. Renaudin.

Sa mission sera aujourd'hui plus facile que la mienne.

Il trouve le gros, le difficile fait. Il n'a donc plus qu'à user de ses hautes connaissances pour critiquer ce qui est mon œuvre personnelle, tout en en jouissant heureux, et se faire décerner par vous un vote de confiance et des éloges chaleureux à l'adresse de son talent.

J'aurais supporté, en la méprisant sans doute, cette façon peu louable de supplanter quelqu'un, mais ce que je ne puis laisser passer sans protester, ce sont les coupables intentions qui lui ont dicté cette conduite.

S'emparer traitreusement de ma position, me faire perdre les sommes importantes spécifiées plus haut, c'est déjà inouï !

Mais chercher à me déshonorer en le faisant, pour donner le change à la vérité, n'est-ce pas une lâche infamie ?

Et que deviendrait ma famille, si je n'avais ni les moyens ni le courage de revendiquer mes droits et mon honneur ?

Je le demande à mes délateurs eux-mêmes.

On m'a reconnu, dit M. Renaudin, un apport de 50 mille francs payables, 10,000 francs en espèces et 40,000 francs en 80 actions.

Tout cela se trouve, en effet, dans les statuts et le rapport du commissaire, ci 80

Mais M. Renaudin nous dit-il que 35 de ces actions, certains administrateurs se les sont attribuées?... ci . 35

Que 38 se trouvent entre ses propres mains ?... ci . . . . 38 } 73

Différence. 7

J'ai donc à mon **actif** :

1º Mon apport espèces, ci.	10,000	»
2º Le produit des 7 actions, ci-dessus. .	3,500	»
3º Le solde dû sur mes 38 actions. . .	4,976	59
4º Le montant de 2 effets Castex et Baïsse.	1,500	»
5º Les 3,000 francs dûs à M. Rozes. . .	3,000	»
6º Les 3,000 francs retenus sur les 26 actions Ricard transférées, ci.	3,000	»
Total	25,976	59

Et à mon **passif** :

1º Le *déficit* réclamé par M. Renaudin, ci.	10,923	31
2º Les 6,000 francs dûs par M. Ricard à la Banque Ariégeoise dont je suis garant. .	6,000	»
3º M. Ricard, président, me réclame encore, je ne sais pourquoi, ci	16,000	»
Total	32,923	31
A déduire l'actif ci-dessus.	25,976	59
Différence exacte des pertes réelles que l'on cherche à me faire supporter. . .	8,946	72

Inutile d'ajouter à ce chiffre, mon travail et le temps perdu.

M. Renaudin, qui fait tout pour rien, trouverait la plaisanterie mauvaise.

Si la justice ne m'accordait pas la remise des 38 actions de capital et des 250 actions de jouissance; si elle ne repoussait pas la scandaleuse prétention de M. Ricard, j'aurais traité à Barbazan une excellente affaire pour mes adversaires, dans laquelle j'aurais consacré une année de pénible travail, compromis ma santé et perdu une somme totale de 8.946 fr. 72 c., sans compter les frais énormes que j'ai dû m'imposer pour arriver à mettre l'affaire sur pied et que je peux, sans craindre d'être taxé d'exagération, évaluer à 5,000 francs.

Voilà la vérité.

Après tant de preuves évidentes, il faut que l'on sache

enfin, que le rapport Renaudin est une œuvre coupable, inspirée par des passions plus coupables encore, qu'il a eu le tort d'épouser.

Je mets MM. Renaudin, de Stéphens et consorts au défi de contester l'exactitude de mes chiffres et la sincérité de mes affirmations.

J'assume la responsabilité de mes actes, en déclarant que le présent mémoire est bien mon œuvre personnelle, tandis que le rapport Renaudin est l'œuvre d'intrigues odieuses, dont il s'est fait l'instrument.

Et, si au cours des débats qui vont s'ouvrir, la justice intervient, M. Renaudin comprendra mieux peut-être alors toute l'importance du rôle qu'il a joué.

Telle est la lutte que j'ai soutenue pour faire de Barbazan une grande et belle station thermale, ce qu'elle doit être, ce qu'elle sera un jour, malgré les agissements intéressés de certaines personnes qui se sont abattues sur elle.

Les sources, les terrains, les immeubles achetés par mon intermédiaire représentaient un capital de 220,000 francs. Grâce à mes soins et à mes travaux d'aménagement et d'agrément, leur valeur s'est considérablement accrue, et elle s'accroîtra encore.

J'ai tracé des allées, amélioré les chemins, déblayé les alentours des bâtiments et des sources, transporté le confortable moderne dans un établissement nu et délaissé. Les salles de bain ont reçu un commencement de transformation ; des salons et des chambres, à la disposition des étrangers, ont été convenablement meublées ; les buvettes sont propres et prêtes à être assises sur l'emplacemnt qui leur est destiné. Aujourd'hui l'eau coule naturellement, et il n'est pas besoin de pompes pour l'élever comme autrefois. J'avais, enfin, organisé un excellent restaurant et créé des salles de billard et un café.

Il n'y avait plus à craindre que les inondations de la Garonne vinssent détruire ou détériorer ces travaux d'embellissement, car un solide mur, fait de chaux et de rocher, protégeait et clôturait en même temps les dépendances des Thermes de Barbazan.

Et cependant, je n'ai pas jeté à profusion et sans compter l'argent des Actionnaires pour obtenir ces résultats. C'est avec les ressources modiques d'une société montée seulement au capital de 200,000 francs et avec les bénéfices réalisés dans l'année que j'ai, en si peu de temps, organisé l'Etablissement de telle sorte qu'il peut aujourd'hui aborder sans crainte la publicité de la presse. Il n'y aura point de déconvenue pour ceux à qui on promettra, dans les journaux, avec les bienfaits d'une eau minérale de premier ordre, tout le confort et tous les agréments des bonnes stations thermales.

Je ne crains pas de parler ainsi de mon œuvre, audacieusement interrompue, et ne veux apporter aucune fausse modestie à dire ce que j'ai fait.

Des banquiers et des lanceurs d'affaires que j'avais cru désireux de participer au développement d'une station d'avenir ne se sont associés à mes projets qu'en vue de spéculations. Ils n'ont pas voulu me seconder différemment, et n'ont vu u'une opération financière là où je tâchais d'organiser une entreprise durable, honnête et prospère. Ils m'ont laissé toutes les charges, tout en paralysant mon action. Et quand ils m'ont trouvé rebelle à leurs combinaisons véreuses, rien ne leur a coûté pour me supplanter, s'emparer du fruit de mon travail ; installer à ma place une créature plus docile et plus complaisante.

Menaces, manœuvres déloyales, irrégularités, comptabilités erronées, ils ont tout employé.

Et ne pouvant invoquer contre moi aucun motif sérieux, n'ayant aucune plainte à formuler, ils sont descendus jusqu'à me faire écrire par M. Renaudin, l'épitre odieuse et mensongère que l'on sait.

Traîtreusement, ils ont mis la main sur mon œuvre et sur mon bien. Quoi qu'ils fassent, ils n'entameront pas ma considération.

Je dois cependant à la vérité et ma loyauté me l'impose,

le devoir de reconnaître publiquement ici, qu'en dehors des difficultés nombreuses que j'ai eues avec lui, M. de Stéphens est le *seul* membre fondateur qui ait engagé des capitaux dans l'affaire de Barbazan, et qui m'ait aidé en quelque sorte à la mettre debout.

J'abandonne la plume qui m'a servi à stigmatiser, comme il convenait, la conduite criminelle de mes adversaires.

M. Renaudin a, dans un rapport odieux, porté la parole au nom d'eux tous. Il a voulu assumer ainsi toutes les responsabilités et n'a pas craint de porter contre moi les accusations les plus blessantes.

Je lui laisse la faculté de choisir, pour justifier sa conduite personnelle, l'un des trois moyens qui suivent :

1º Veut-il accepter la sentence d'un jury d'honneur, composé de membres choisis à Barbazan et à Loures ?

2º Veut-il tout autre genre de réparation d'honneur ?

3º Préfère-t-il enfin me traduire devant la justice?

Voilà, pour lui, un choix qui le met à son aise.

En profitera-t-il ?

S'il n'en fait rien, à moi de prendre mes mesures.

Toulouse, 1, allée Lafayette, le 5 mai 1884.

B. FOURCADE.

Toulouse. — Imprimerie Paul Savy.